図説

近世城郭の普請《ふしん》

石垣 編

三浦正幸
Masayuki Miura

原書房

目次

第三章

石垣の築造技術と修復

はじめに

三浦正幸

本書は、令和四年に刊行した『図説近世城郭の作事　天守編』および『図説近世城郭の作事　櫓・城門編』に続く図説城郭集の一書である。近世城郭の築造は、土木工事である「普請《ふしん》」と建築工事である「作事《さくじ》」に大別される。本書では、普請によって形成される石垣および堀や土居《どい》（土手ともいう、土塁も含む）について詳しく記すもので、城郭のいわば中枢を扱う。なお、普請のうち城地（築城場所）の選定、縄張《なわばり》（曲輪《くるわ》や石垣・堀や城郭建築・御殿および城下町の配置計画など）の決定などについては巻を別とする。

ところで、近世城郭とは、安土桃山時代から江戸時代にかけての近世期に築かれた城をいう。その特徴は、一般的に言えば、広い水堀、高い石垣、天守、恒久的な建築の櫓と城門、城主の住まいである城内の御殿、広大な城下町を備えていたことである。そうした特徴すなわち近世城郭の構成要素は、東海・近畿地方で個別に萌芽し、織田信長によって集大成され、秀吉によって全国に普及し、関ヶ原の戦い後、家康の統治下で確立したものである。築城時期が元和元年（一六一五）の武家諸法度公布後になった場合や石材の産出が乏しかった関東・東北地方の場合では、石垣や天守をもたない城郭も少なくなかったが、近世城郭の特徴のうちの多くを備えていれば、もちろん近世城郭であると言える。

近世城郭以前の城は中世城郭というが、その多くは山の上に築かれた山城であった。中世城郭の総数は四万から五万にも達したが、近世城郭と比べると極めて小規模かつ粗末であって、近世城郭の特徴をほとんど備えていなかった。近世城郭の数は中世城郭の百分の一しかなく、それに反比例して一城当たりの築城経費は百倍以上だったと言えよう。

近世城郭における天守・櫓・城門・土塀・御殿などの建築物を造る工事を江戸時代には「作事」と称した。それに対して、城地の選定や曲輪の造成をはじめとする城の縄張、それを構成する堀・石垣・土居・切岸などの築造は「普請」と称した。要するに建築工事が作事で、土木工事が普請である。したがって本書の内容は、城の普請すなわち城郭の土木構造物を扱うものである。築城の工事量は普請が七割から八割を占めるものであって、作事は城普請の脇役だったことも念頭に置いていただきたい。なお、城下町の建設については、その敷地造成は城普請の範疇であるが、侍屋敷や町屋を建てるのはその居住者の責任であったので、そもそも城の普請や作事とは直接には関係しない。

元和元年に二代将軍徳川秀忠が武家諸法度という禁令を諸大名に公布したが、それには城に関する禁令が含まれていた。城の新たな普請と作事を厳しく禁止し、修理であっても幕府に届け出て将軍の裁許を受ける定めであった。作事のうち御殿や付属建築（馬屋・土蔵・番所など）は、城郭建築ではなく、住まいと見なされたので、法度の規制対象からは除外されていた。ところが、建築物の修理や再建は頻繁に発生したため、そのたびの届け出は事務手続きが繁多だったので、三代将軍家光以降になると、普請については引き続き将軍裁許を必要としたが、作事については「元《もと》の如《ごと》く」であれば届け出の必要はないと改訂された。そうした普請重視は、城の防備性能が普請によって大きく変わるからである。

第一章

石垣の構造と形式

第一節　古い石垣と新しい石垣
第二節　石垣築造の概略
第三節　石垣の勾配と反り
第四節　石垣の形式分類
第五節　石垣の隅部

第一節　古い石垣と新しい石垣

練積と空積

今日では石垣を造ることは石を積むというが、古くは築《つ》くというのが一般的だった。また、石垣を石積と呼ぶ人もいて、石垣の定義は人によって異なるが、本書では、垣の語義から、容易に乗り越えられない高さである一メートルを超えるもの（現代の法令では柵の高さは一・一メートル以上）を石垣といい、それ未満を石積ということにする。

▲目地に漆喰を詰めた石垣
（大坂城本丸桜門の蛸石、幕末）

▲スペイン人が築いた練積の城壁
（プエルトリコ・サンファン）

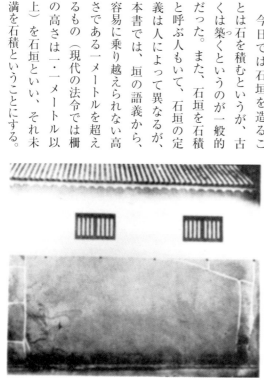

したがって、石垣の表面に見えている大きな石材は積石ではなく、築石《つきいし》というのが伝統的に正しい。そして石垣の隅部では築石を隅石《すみいし》・隅脇石《すみわきいし》、それ以外の築石は平石《ひらいし》として区別する。現代の石垣では、築石どうしの隙間（目地《めじ》という）にはセメントと砂の混合物であるモルタルが詰めてあり、モルタルで築石が接着されている。そうしたモルタルで固めた石垣を練積《ねりづみ》という。練積では背面に溜まった水が排出できないので、所々に排水用の塩ビ管が付けられており、見苦しい。それに対して城の石垣では、モルタルは使われず、築石どうしが互いに接しているだけであって、空積《からづみ》と呼ばれる。もちろん排水用の塩ビ管は不要である。

なお、幕末になると、大坂城の城門付近では、築石の目地に白漆喰を詰めて飾っていたことが古写真から確認されるが、それは目地の表面だけに詰めた化粧なので、練積ではない。もちろん現状では流れ落ちてしまっているので見ることはできない。伊予松山城本丸本壇の幕末の石垣には、漆喰目地のわずかな痕跡がある。

日本とは違って、ヨーロッパの城壁（櫓に相当する建物の外壁も含む）は石材や煉瓦をモルタルで接着する練積である。そのため石垣に勾配《こうばい》をほとんどつけず、垂直にそそり立つ厳重な城壁が構築されている。十六世紀後期に来日したイエズス会の宣教師は、空積の日本の石垣を見て感心している。

擬古作の近代野面

さて、一般論からすれば築石どうしの隙間が大きい石垣が古いものであって、年代が下降するにつれて隙間が小さくなる傾向が強い。詳しくは後述するが、築石に自然石を用いた野面《のづら》（野面積）の石垣は隙間が大きく、野面より後れて登場した打込接《うちこみはぎ》の石垣は隙間がかなり小さくなる。そして切込接《きりこみはぎ》では隙間が全くなくなる。

同じ野面の石垣であっても、隙間に広狭の差がある。それは石垣の構造の違いがあるからだ。城郭石垣を理解する上の基礎知識なので、この点をまず説明したい。明治維新以前の古い時代に築かれたいわば本物の野面では築石の隙間が著しく大きいが、近現代、特に昭和以降に築造された野面は隙間が極めて小さい。この両者の違いは、築石の形状と積み方が根本的に相違することから生じる。

本物の野面では、築石は面《つら》（文献資料によっては小《こ》面《づら》や小口《こぐち》とも記される、石垣の表側に見えている平らな部分、反対の奥側を尻《しり》や艫《とも》という）に対して控え（奥行の長さ）が十分に長い。そして、自然石なので石材の丸みや凹凸が大きいため、上下、左右の築石どうしの接点（合端《あいば》という）の位置が石垣の表面よりかなり奥側である。例外は少なくないが、概ね二〇～三〇センチメートル奥側になってしまう。合端より手前側は築石どうしが接しておらず、表面から見ると大きな隙間が生じている。隙間が大きくて見た目は危なっかしいが、石垣の内部の合端でしっかりと築石どうしが噛み合っているので、容易には崩れない。

一方、近現代の野面は、石材の節約のため控えが短く、合端は石垣の表面近く、概ね一〇センチメートル未満にある。控えが短いため、合端は表面近くでないと形成できないのである。合端を表面近くにもってくるには、上下左右の石材の面どうしがモザイク模様のように組み合わねばならず、組み合う石材を選んで積まなければならない。結果的に

野面

▲本物の野面（吉田城本丸鉄櫓台）築石の隙間は小さな合石

▼擬古作の野面（吉田城本丸裏虎口）築石どうしが密着

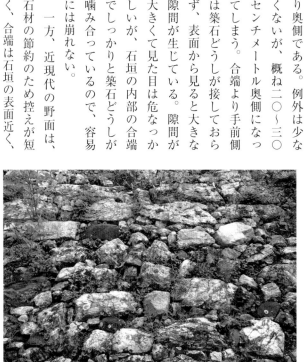

隙間がほとんどなくなる。すなわち石材の節約にはなるが、積むための手間はかえって増大する。そして、野面とはいいながら、打込接よりも隙間が少なく、気分的には切込接のような石垣である。換言すれば、隙間の小さい野面は、見かけだけの野面であって、古く見せ掛けただけの擬古作である。石垣の鑑賞には十分に注意しなければならない。

野石と割石・樵石

築石として使われる石材は、古くは自然石で用が足りた。河原や海岸、あるいは城地に選ばれた山中などに転がっていたり埋まっていたりする石材を採集したもので、表面は水流の浸食で丸くなっていたり、風化していたりする。また、節理《せつり》（安山岩や花崗岩などの火成岩で見られる天然のひび割れ）により角張って規則的に割れた石材もある。それらの自然石は野石《のいし》とも呼ばれる味わいのある石材で、それをほぼそのまま築き上げた石垣が本来の野面である。

秀吉の政権下で石垣の築造が普及し大規模化すると、野石だけでは石材が不足したので、大きすぎる自然石を適当な大きさに割って使った。それを割石《わりいし》と呼ぶ。さらに慶長五年（一六〇〇）の関ヶ原の戦い以降の慶長の築城盛況期（一六〇一～一五年）になると、もはや自然石だけでは賄えきれなくなり、石切場（石《いし》切丁場《きりちょうば》、採石場、集石場などともいう）の岩盤や巨

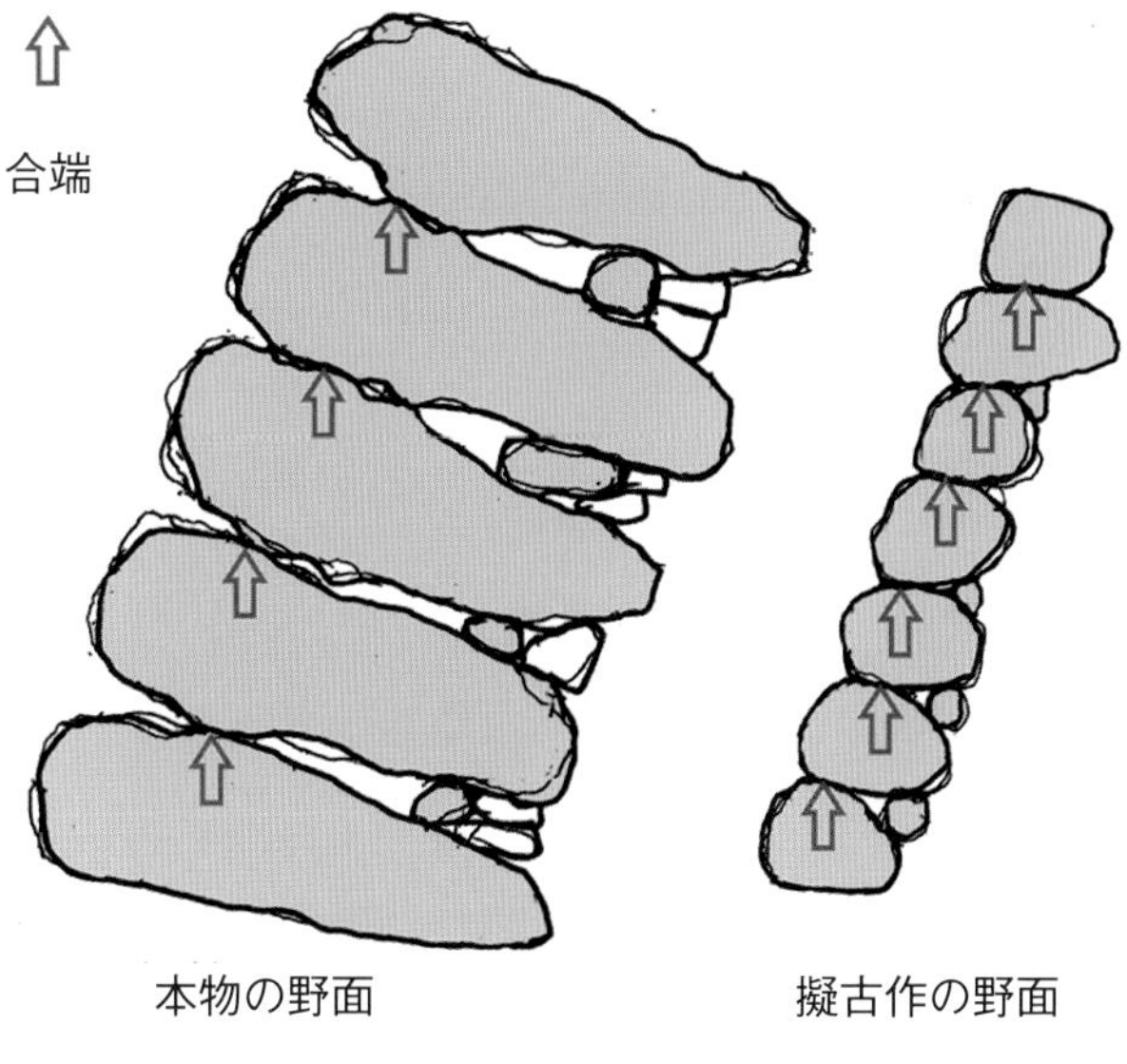

本物の野面と擬古作の野面の断面模式図

岩から石材を切り出すことが一般化していった。そのため築石は規格寸法で切り出されるようになって、後述するように隙間が小さい打込接の布積《ぬのづみ》の石垣が多く築かれるようになった。石切場で採石された石材は割石の一種であるが、これを区別して樵石《こりいし》と呼ぶこともある。

なお、近代に積まれた野面の石垣では、一人力で持ち上がる程度の小さな野石が多用されている。その結果、控えの長さ不足により隙間の小さな擬古作の野面が増える要因になっている。もちろん、そのような小さな石材は、近世城郭の高い石垣の築造には強度不足で使えなかった。

▲野石の石垣（伊勢神戸城天守台）

▲割石の石垣（洲本城）

▲樵石の石垣（岡山城本丸中段）

石材の違い

第一章 石垣の構造と形式

第二節　石垣築造の概略

根石と築石・飼石

石垣を平山城《ひらやまじろ》や山城《やまじろ》などの堅い地盤上に築く場合と平城《ひらじろ》の水堀に面して築く場合では、石垣の基礎構造に差異がある。

まず平山城・山城において天然の山の斜面に石垣を築く場合では、天然の緩くて屈曲する斜面を削って急勾配の斜面に成形（城内の地が不足する場合は盛土）して石垣背後の地盤とする。平地に石垣を築く場合は、石垣の断面が堤防状となる石塁になり、その石塁全体が人工的に築かれる。その根元（堀底など軟弱地盤の場合は後述）では腐葉土層や表面を覆っている柔らかい表土層を除去し、安定した固くて平らな地盤面を造り出すために溝状に掘り込む（根切《ねぎり》という）。根切は平城では水平であるが、平山城や山城では上り坂になることも少なくない。

そして根切の底に大き目の根石《ねいし》を据える。根石には、大きいが面がなく、築石としては不向きな石でも使われる。また根石は、上に置かれる築石を安定して支えるため一〇センチメートルほど築石の面より外側に出っ張ることが少なくない。石垣の完成後は、根石は上部を残して埋め戻されるので、一般的に石垣最下段に上部だけ見えているのが根石である。現状では石垣の下部の数石が土砂に埋没した例が多く、根石は全く見えないのが当たり前になっている。根石を据え付ける際に角度や高さの調整あるいは軟弱地盤の補強のため、その底面に小さめの石を根固《ねがた》めとして数個（上下には絶対に重ねない）を挟み込むことがある。

築石の大きさや形状は城によって様々であるが、関ヶ原以降の割石では面が〇・五～一メートル四方、控えが〇・六〜一・二メートル（三〇〇キログラム〜三トン）が多い。築石が大き目の江戸城においては、寛永十一年（一六三四）に幕府が普請担当の大名に築石の面を二尺四寸（〇・七三メートル）四方とするように通達しており、その時期の築石は大きさがよく揃っている。

また、築石は面から尻《しり》（石尻《いしじり》・艫面《ともづら》・友面・供面・艫ともいう、艫は船尾のこと）に向って、少しずつ細く成形されている。細くならないと積み上げられないので築石としては失格であるが、それについては後述する。

築石は原則として一段ずつ横に並べていく。それぞれの築石の成《せい》（高さ）がほ

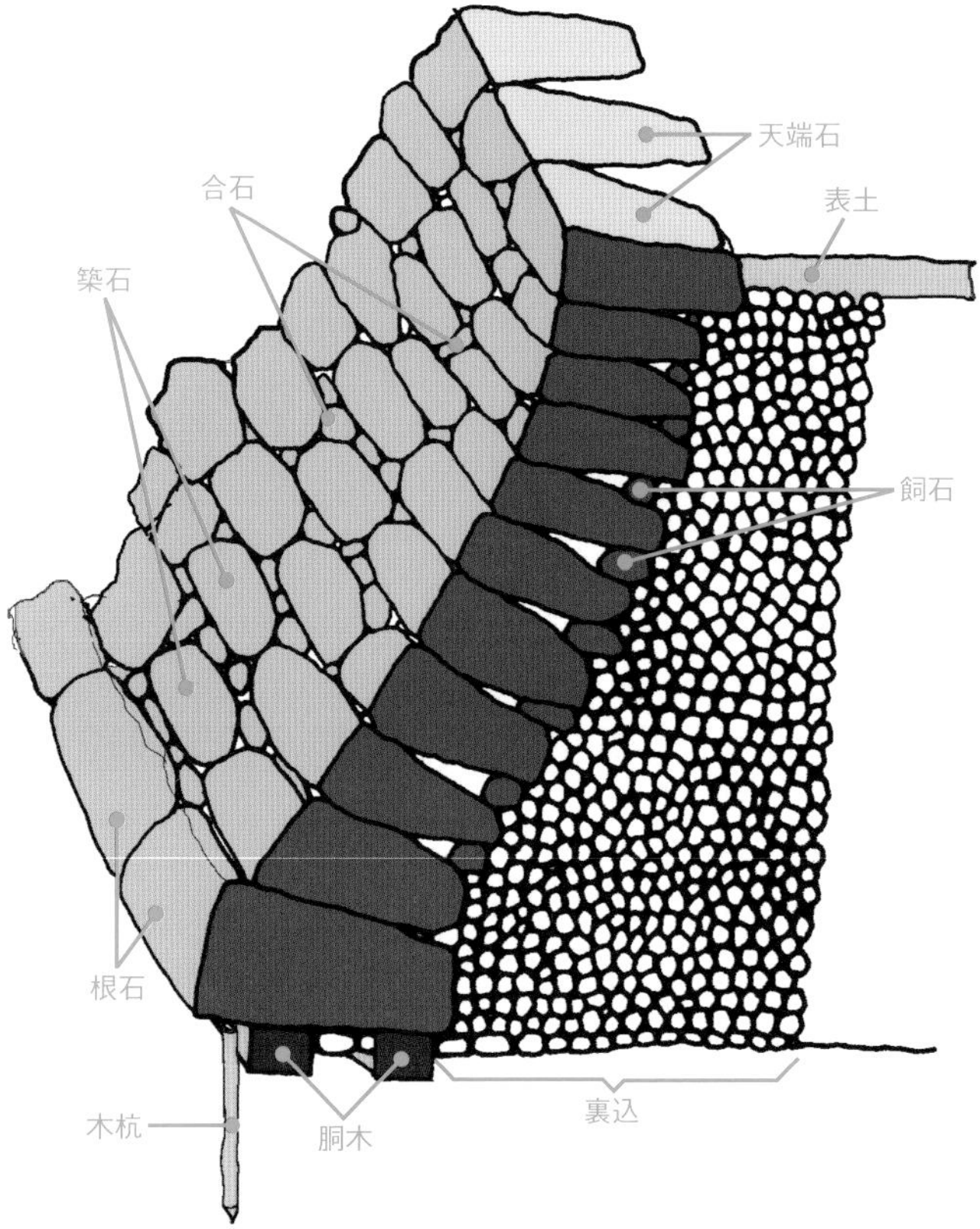

▲石垣の構造の模式図

▲根石
少し出っ張った最下段の石が根石（丸亀城）

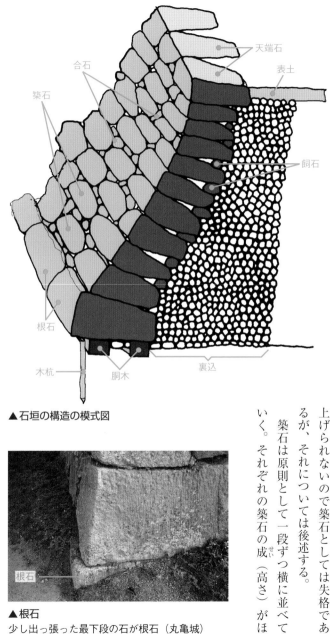

ぼ等しければ、築石の各段が横方向に列状に並んだ布積になる。成が著しく不揃いなら、各段は横方向には揃わずに上下に高さが乱れた乱積《らんづみ》になる。当然のことながら、やや不揃いな場合は、両者の中間になる。それらについても詳しくは後述する。

　個々の築石は形状や大きさがまちまちであり、凹凸が著しいので、それを並べただけでは不安定であって簡単に揺れ動く。また築石の面の角度を上下左右で揃えなければならない。そこで築石の背後から適切な飼《かい》石《いし》（介石とも書く）を敷き込んで、全く動かないように固定し、同時に面の角度や向きを調整する。飼石は築石どうしの隙間に挟み込むので、隙間が大きければ三〇センチメートルを超えるし、小さければ数センチメートルほどしかない。上下の築石は、互いに合端および飼石を通じて接しており、その箇所が合わせて三点以上あれば物理的に固定される。それ以外の部位では隙間が生じていて、隙間では重量や摩擦力などの力が伝わらない。見方を変えれば、上下左右の築石は、隙間のない切込接は別として、ほとんど互いに接していないのである。

　また、築石の上下間だけではなく、左右の隙間にも飼石を加えて、横方向のずれを防止する。上下と左右で飼石を区別する場合は、上下のものを艫飼石《ともかいいし》（友飼石・供飼石などとも書く）、左右のものを胴飼石《どうかいいし》という。これらの用語は混乱しており、築石の尻付近に入れたものを艫飼石、尻と面の間である築石の胴に入れたものを胴飼石ともいい、一定ではない。なお、「飼《か》う」は建築用語であって、部材の下に当てがい支えておくことをいう。

▲築石（小田原城本丸の落石）
控えが長く、尻に向って細くなる

天端石

築石の最上段は、一般的に平たくて大き目の石を置いて、石垣の高さをほぼ水平（隅部は意図的に迫り上げることもある）に揃える。それを天端石《てんばいし》（または葛石《かずらいし》）という。石垣の頂部である天端には、天守・櫓・土塀などを建てるので、それらの安定した基礎石とするために天端石は他の築石より平たくて大きい石が選ばれた。

古くは、天端石は他の築石と同じような大きさの石材も使われたが、慶長の築城盛況期（一六〇一～一五年）になると控えの長い特大の天端石が広まった。天端石は、下方の築石との合端より外側に大重量を掛けた時に、転倒し落下する虞がある。特大の天端石なら、合端よりかなり奥側に石の重心がありその重量も大きいので、転倒させる力と釣り合い、物理学的に理に適った技法である。これを正確に記すと、天端石とそれに載せた物体の重量を合成した重心が合端より外側になった場合に転倒する。天端石が重くて控えが長ければ、すなわち合端より石材の重心が石垣の奥側に大きく引き込まれていれば安全である。なお、近代の稚拙な石垣修理においては、天端石に小さな石材を使っ

天端石
◀岡崎城本丸月見櫓台（発掘で出土）　▶米子城天守台

た例が散見されるが、その上に不用意に乗ると、石の重さと体重を合成した重心が合端より外側に移動して天端石が落下する危険があるので、そうした石垣には近寄らないほうがよい。

また、慶長期になると、天端石を設置した後、天守・櫓・土塀を建築する際に天端石の上面外側を平らに削って、建築の外壁が載る土台を敷きやすくした。その始めのうちは、天端石の上面で特に盛り上がった部位を斫《はつ》り取って、土台の座りを改善する程度であったが、間もなく、天端石の外角から一〇～二〇センチメートルほどの幅で丁寧な削り仕上げが行われ始めた。その結果、石垣の上角に平行して低い段が生じた。なお、その幅が狭い例では、外壁の外側に出る犬走《いぬばしり》を一直線に均すための化粧と考えられる。特異な例では、福井

▲細かい斫り（岡山城本丸内下馬門）

▲低い段状の削り取り（津山城本丸）

▲土台を固定する溝状の彫り込み（福井城本丸）

天端石の上面の削り仕上げ

城本丸の天端石は、土台を据える部分に深い溝が切ってあり、建造物の土台を固定して地震時に外側へ移動しないように工夫されている。

裏込

築石の背後には、長径一五～三〇センチメートルぐらいの河原石《かわらいし》（河原に散らばっている丸みのある石で五郎太石《ごろたいし》・栗石《ぐりいし》ともいう）を一個ずつ手作業でぎっしりと詰め込んだ裏込《うらごめ》（裏込石）の層がある。裏込に河原石が調達できなかった場合は、割って作る割栗石《わりぐりいし》（割栗）、築石を加工した際に出る屑石や小さくて築石には不向きな石、時には墓石なども使われた。近代建築ではコンクリート基礎の下に充填する石層を栗石や割栗（割って作った栗石）という。なお、栗石を「くりいし」と読んだ場合は栗の実ぐらいの小石のことで、裏込には使われない全く別物を意味する。

裏込の層の水平幅は、築造時期、石垣の高さ、背後の安定地盤の有無などによって大きく相違しており、狭いものは〇・五メートル未満、広いものは六メートルほどにもなる。一般的に石垣が高くなるほど裏込の幅は増大する。また、年代が下降すると幅が狭いものが多くなる。塁状に築かれた櫓台や天守台では、内部を総て裏込とした例も少なくない。

裏込の役割は、築石を背後から支えることが第一である。中国や西欧の直立する石垣とは違って、日本の石垣は傾斜をつけて構築されているため、裏込がないと後方へ倒れ込んでいくのである。

ところで、築石を背後で支えるのに、河原石などの裏込ではなく土砂で代替できるのか。その答えはもちろん否である。土砂を詰めた場合は、多量の水が浸透すると土砂の粒子が移動して、まちまちであった粒子の方向が揃って粒子どうしの隙間が小さくなる。その結果、ひどい地盤沈下を引き起こす。例えば、植木鉢に詰めた土に水を掛けると、土が沈んで体積がかなり縮む。築石の背後が土砂を詰めたものだったら、大雨が降ると石垣の背後の地面が大きく沈下して石垣が崩れ込んでしまう。また、古い時期の石垣では築石どうしの隙間が大変に大きく、もし裏込がなければその隙間から土砂が容易に流出してしまう。それでは石垣崩壊は間違いない。したがって、裏込なしでは、高い石垣は絶対に築造不可能である。

なお、古代・中世の石垣では、石を詰めた裏込に類するものや、砂と粘土を合わせて層状に突き固めた版《はん》築《ちく》、または粘土を詰め込んで築石を支えていた。しかし、その高さは三メートルほどの低いものであり、ほぼ直立した石垣だったので背後から支える必要は少なかった。北京などの中国の城壁（堤防状に築かれた石塁）では、版築で造られた壮大な壁体の外皮として厚い煉瓦壁を築いているので、裏込は必要ない。

裏込の第二の役割は、石垣の背後に溜まった水の排水である。裏込の河原石どうしには必然的にかなりの隙間が生じる。その隙間は極めて有効な排水路となり、いかなる集中豪雨に見舞われたとしても、瞬時に石垣の下方に雨水が流下してしまい、石垣には一切の水圧が掛からない。裏込の隙間に土砂が溜まって排水機能が失われると、大雨（または石垣背後の一部に地下水が集中してできる水道《みずみち》）による石垣崩壊の原因の一つになる。この排水の役割は土木工学において広く認

▲裏込
（大坂城本丸北枡形修復工事中）

▲裏込を充填した櫓台
（熊本城西櫓門）

められおり、裏込の存在意義とされている。ただし、この役割は副次的なもので、本来は築石を支えるための最も有効な手段だったと考えるべきであろう。

その根拠の一つとして、本丸内の平地に築かれた天守台（犬山城・彦根城・松江城・津山城・徳川大坂城・江戸城など実例は多数）が挙げられる。平地に独立して存在するので石垣の裏側には地下水が流れてはこず、また台上には天守が上げられるので雨水は全く入らない。すなわち排水機能は全く不要であるが、裏込は特に厚く入れられているはずである。

近年になると、裏込の役割は排水のためだけだとして、河原石の代わりに三〜五センチメートルほどの小さな砕石を用いた石垣修復工事が行われたことがあった。しかし、砕石では土砂とほぼ同様の結果となる。角張った砕石どうしは互いに引っ掛かり突っ張り合って過剰な隙間が生じており、地震や流水によって砕石の方向が揃う（物理学的には位置のエネルギーが小さくなる）につれて次第に沈下し、高い石垣の場合では最終的に崩壊してしまうことになる。

もう一つの裏込の役割は、高い石垣を築く際の石材の搬入路とするためであったと考えられる。ところで中世末の二メートル前後の低い石垣では、裏込のないものが多くあるようだ。そうした石垣では、築石は小さくて一、二人力で持ち上げられるので、石垣の手前から築石を積み上げればよい。築石の背後は切岸《きりぎし》なので、地盤が安定しており裏込は特には必要ない。ところが近世城郭の高い石垣を築く場合では、築石が大きく、それを石垣の手前側から持ち上げるのは不可能であり、築造中の石垣の背後から運び込まねばならない。すなわち切岸と築石の間に広い搬入路が必要であって、その搬入路は築石が積み上がるにつれて裏込でかさ上げしていく。裏込に丸みをもった河原石が推奨されたのは、裏込の上で重い石材を引いて通過させる時に、摩擦を小さくして、かつ、めり込まないようにするために好都合だったからだ。別の言い方をすれば、裏込は石垣築造の搬入路かつ作業場でもあった。

合石

野面や打込接の石垣の表面では、築石どうしの隙間が大きいので、その隙間を小石で埋めて石垣の表面を平滑にする。築石の隙間は敵の手掛かり足掛かりになるし、また見苦しい。隙間を埋める石を合石《あいいし》（間石《あいいし》）・詰石《つめいし》・小詰《こづめ》などといい、いわば石垣のお化粧である。

築石の表面に見られる小さな石は、ほぼ総て合石であって、隙間の大小に合わせて詰め込まれている。小さなものでは数センチメートルであるが、隙間の大きい野面の石垣では三〇センチメートルを超えるような大きな合石も珍しくない。面のない築石を使った野面では、築石よりも見掛けが大きな合石もある。

なお、築石の面の角度は本来、築石の尻の方に入れる艫飼石によって調整するが、年代が古い石垣や技術的に稚拙な石垣では、面側に飼石を加えて調整することも多い。艫飼石では面を外側に傾ける（面を起こす）ことしかできないので、面を内側に傾ける（面を倒す）必要がある場合は、やむを得ず面に飼石を加える。面のいわば飼石となるが、それと合石は区別がつきにくい。隅石でそれが行われた場合なら容易に観察できる。

合石は総ての築石を積み上げた後に施工するのが一般的である。築石の施工中では、積み上げられる築石の大重量や背後の裏込からの圧力、さらには石材の温度差による熱膨張（詳しくは後述）で微妙に築石の隙間が変動するからである。築き上がって安定した石垣に対して一気に合石を施工するのが望ましい。

合石は、築石の隙間に合致する石を選んで、あるいは隙間の形状に合わせて石を加工成形する。大きな隙間の場合は数石を組み合わせて合石とすることが多い。築造年代が特に古い石垣では、河原石を合石とした例もある。施工法は簡単で、隙間に合石を手で押し込み、槌《つち》で軽く叩いて固定する。

▲美しく入れられた合石
（松山城二の丸）

▲合石が抜け落ちた築石の大きな隙間
（津城天守台）

したがって、合石は築石との摩擦力だけで支えられているので、築石がわずかに移動して隙間が少しでも開くと合石は簡単に抜け落ちてしまう。築造されてから長い年月を経た石垣では、合石の多くが脱落してしまい、隙間だらけになっている（あるいは近年に施工された新しい合石に変わっている）ことはむしろ普通である。もちろん、合石は築石を支えるものではないので、たとえ大きな合石が抜け落ちたとしても直ちに石垣自体が崩れかかっているわけではない。

そこで、石垣の合石を観察する場合には、築造当初（江戸時代の修理も含む）からのものか、近代の修理時の補加かを見極めることが重要であるが、一般的に美しく入れられている合石は江戸時代のものである。土砂に埋没していた石垣が近年に掘り出された場合では、当初の美しい合石が確認できる。

胴木（土台）

平城の場合では、石垣は水堀の底から立ち上がることが多い。湿地帯や沼地などのこともある。そうした軟弱地盤において、以上に述べてきたような石垣をそのまま築くと、根石が不同沈下《ふどうちんか》（個々の沈下量が同じでないこと）を起こして石垣の崩壊につながる。根石は大きさや形状が不揃いであってその底面が尖ったり狭かったりした場合、上方の築石の配置により荷重が偏って掛かった場合、地盤の軟弱の度合いが局地的に相違した場合など、不同沈下が生じる要因は多い。軟弱地盤における石垣全体の沈下を絶対的に防止するためには、地下深くの堅固な地盤にまで届く長大な杭《くい》（現

▲隅石における角度調整の飼石（徳島城月見櫓台）
水面際の隅石下に小さな飼石を入れて面を倒している

代建築では一〇メートルをはるかに超えるコンクリート杭が使われる）を多数打ち込むか、広大で厚いコンクリート版を石垣下に設置して荷重を分散させて支持するか、いずれにしても往時の土木技術では絶対的に不可能なことであった。したがって、石垣全体の沈下防止は諦めて、根石の不同沈下を防止する策が採られた。

近世城郭では、軟弱地盤においては、根石の下に太い木造の胴木《どうぎ》（古くは土台《どだい》、土代《どだい》といった）を敷き込んで不同沈下の防止を図っている。なお、「土台」は古くからの建築用語で、上部構造物を支えるために底部に敷く木造の横材をいう。胴木には、皮を剝いただけの丸太材（直径三〇センチメートル程度）や粗く角材に成形したものが使われた。胴木どうしは継手《つぎて》（釘を使わずに木材を接続するための加工）によって連結され、一連の長大な敷物となる。根石列の下には、通常二列（時には一列）の太い胴木を敷き渡し、胴木が前後に移動しないように短い木杭を多数打ち込んで留める。また胴木の下にはそれと直交させて木棒（細い丸太材）を多数並べて胴木の上下方向の安定性を増すことがある。胴木には、当時の森林資源枯渇の状況下においても太い材木の入手が比較的に容易だった松材が専ら用いられた。松は粘り気が強くて折れにくく、樹脂が多いので水に強いと思われていたからだ。

胴木の効用は、根石列の底面を水平に支持して根石の沈下量を総て一定に保つことであって、個々の根石が不同沈下するのを完全に防止することである。胴木によって不同沈下は防止できるが、胴木もろともに根石が一斉に同分量だけ沈下することは防げない。したがって、今日見られる堀際の石垣は、創築当時に比べて全体的にかなり沈降しているはずであり、それが陸上の石垣と接続している部位においては、石垣の歪みや亀裂あるいは崩れが生じていてもおかしくない。

もちろん不同沈下が起こりにくい乾燥した堅固な地盤に築かれる石垣には胴木は不要であり、胴木の使用は水堀や湿地などの軟弱地盤から立ち上がる石垣に限られる。そこで、腐りやすい木材が常時水面下である堀底などで石垣を支えていることは奇異に聞こえるであろう。木材の腐朽はシロアリが巣食ったりカビや細菌が分解したりして起こることであり、水面下の泥土の中ではそれらが生息するために必須の酸素がない。すなわち堀底の泥土中では有機物は腐朽しないのであり、慶長の築城盛況期に築かれた石垣においても、それを堀底で支えている胴木は四百年以上を経た今日に至っても石垣を有効に支えている。逆に乾燥した地盤上の石垣では、胴木を入れる必要がないばかりか、酸素が供給されるので胴木を入れると十数年の短期間で腐朽あるいは蟻害によって胴木が消滅し、石垣が崩壊してしまう。

中国の北京城壁の南垣（高さ一一～一二メートル、基底部の幅一八～二〇メートル、頂部の幅一五～一六メートルの石塁だった）では、厚い砂層（流沙層）の上に重い版築の壁体を造るため、地下五メートルの深さに長さ六～八メートルの松丸太を縦・横交互に一五層も組んだ木質基礎構造を設置していた。石垣の下部に設置する日本の胴木とは構造が相違するが、巨大な城壁全体の底面に対して胴木を拡張使用したような格子状の地下構造で支えていた。その壁体は明朝一四一九年に築かれたもので、中国では古くから軟弱地盤における重量構築物を支える地下の基礎構造として松丸太が使われていた。日本の近世城郭の胴木も中国起源としてよく、おそらくは中国の江南地方や福建省辺りから安土桃山時代までに伝来したものと考えられる。

第三節　石垣の勾配と反り

勾配

日本の石垣の特徴の一つは、石垣面が強く傾斜していること、換言すれば勾配《こうばい》がつけられていることである。勾配は一律ではなく、城門脇（虎口《こぐち》）の低い石垣では特に急勾配でほぼ鉛直にそそり立って敵兵が登るのを阻止しているが、登りづらい高い石垣では一般的に緩勾配であって、時には四五度ほどの容易に登られるような例（松本城天守台・福岡城天守台・会津若松城天守台など）もある。また、例外は少なくないが、野面・打込接・切込接の順に勾配が急になる。その場合は石垣の築造年代の新旧差も影響する。さらに築造した大名の好みも影響していると言え、例えば黒田長政の福岡城は緩勾配で、同時代の加藤嘉明《よしあき》の松山城は急勾配である。ところが、歩いて登られそうに緩い福岡城天守台に後れて付加された虎口の石垣は、全国一の急勾配であって、見るだけで緊張感が湧く。

そこで事例の多い打込接に限って検証してみると、

石垣の高低による勾配
▲緩勾配（八代城天守台）
▼急勾配（八代城本丸虎口）

▲築造年代による勾配（熊本城大小天守台）
緩勾配（手前の古い大天守台）、急勾配（後方の新しい小天守台）

ほぼ垂直に立つ中国の城壁
▲蘇州盤門付近
▼練積の壁体（同）

▲緩勾配（福岡城本丸小天守台）

▲急勾配（松山城本丸）

▲超急勾配（福岡城天守台虎口）
大名の好みによる勾配

概して低い石垣は防備が重視されて急勾配であるが、石垣の高さが増すにつれて防備上の懸念は薄くなり、勾配は緩くなっていく。高い石垣の勾配が緩いのは、防備という石垣に与えられた重要な役割が担保された場合には、別の要因の方が重視されるようになるからだ。中国や西欧の城壁と比べて著しく緩い石垣の勾配は、地震国日本ならではの地震対策であると断言できる。

勾配の決定方法

石垣の勾配を観察するには、石垣の隅部において石垣面に向って正対して立つことが肝要である。隅部以外では勾配を視認できないし、隅部を斜め方向から眺めると実際より急または緩く見えるからである。

石垣は上部が反っているものが多い。反りがなく上部まで一直線になっているものは少数派であるが、特に急勾配な低い石垣と築造年代が古い石垣には反りなしの例がむしろ多く見られる。勾配とは、反りの部分を除いた直線部分の傾きであって、石垣を築造する際の根本原理でもあった。

ところで、勾配の概念は木造寺院建築において、屋根を造るための屋根勾配の決定法として始まったもので、中国から伝来した古代に遡る技術である。屋根勾配は一次関数y＝axのグラフの傾きaとして表される。数学的に言えば、傾きaはxの増加分（水平距離）でyの増加分（垂直距離）を除した値である。建築分野ではこの傾きによって伝統的に屋根の勾配を表している。具体的には、桁《けた》（柱上で垂木を受ける水平材）から水平に屋根内へ一尺いったところの垂木の下端の高さを何寸と決め、それを何寸勾配と称した。例えば、四寸五分勾配（傾き〇・四五のこと）で桁から棟木《むなぎ》までの水平距離が八尺の建物では、〇・四五×八＝三・六となって、棟木の高さが三尺六寸と計算される。なお、四五度に相当する屋根勾配一〇寸のものは、矩勾配《かねこうばい》（矩は直角の意）というが、矩勾配より急な屋根は稀である。

この建築の屋根勾配の概念が安土桃山時代に石垣築造に取り入れられたらしいことは、容易に想像がつく。ところが、建築においては垂木を支える母屋桁《もやげた》や棟木の高さを厳密に計算するものであって、水平距離が先に定まっており、それに対する個々の部位の高さを求めるものである。したがって水平距離が基準となり、その水平は水を細長い木箱に入れ、水糸《みずいと》を水面と厳密に水平となるように張って、それを基準とする。

ところが石垣では、先に高さが決まっており、それに対する水平距離を計算することになり、建築とは九〇度向きが変わった作業である。また、大きさや形状がまちまちな築石の面の鉛直に対する傾きが勾配であって、勝手がかなり違う。築石の面にも凹凸があり、ましてや野石ではそもそも面がないことが多い。したがって、個々の築石の面が後方に傾く水平距離などは、測定が極めて困難であり、また飼石によって面の傾きを変えると、水平距離と同時に垂直距離も変わってしまう。そして築石を置いてしまうと、その石自体が邪魔になって水平距離がさらに測りづらくなるし、個々の築石の面から後方へ向けて水糸を張る（建築では一間ごとに架けられる梁に対して張る）ことなどは施工不能である。そこで、鉛直に一定の高さを築き上げた時に石垣面が後方にどれだけ傾くかを決めたほうが施工上で合理的であった。鉛直は建築で使われていた下げ振り（重りを糸で吊り下げたもの）で容易に求められた。

結局のところ、石垣の勾配は一定の高さに対して面が後方に傾く比率によって表され、今日では「分《ぶ》」（〇・一）と「厘」（〇・〇一）で表記するのが一般的である。もとは屋根勾配が範とされたので、屋根勾配の「寸」と石垣勾配の「分」は同等の〇・一という比率であり、屋根勾配の「分」と石垣勾配の「厘」は〇・〇一という比率である。ただし、建築とは逆に垂直距離で水平距離を除した値であったので、例えば、二分三厘勾配で八尺の高さの石垣を築くなら、〇・二三×八＝一・八四となって、石垣の上端が根元より一尺八寸四分後退する（内側に倒れる）と計算される。なお、江戸時代の石垣築造の記録（金沢城）では、勾配の比率の単位に、分厘ではなく建築と同様に寸分を用いた例もあった。蛇足ながら勾配は比率なので、高さの単位にメートルを使った場合は、計算結果はメートルで出るだけである。

石垣の実際の勾配は、現存の石垣からすると、六〇〜七〇度ぐらいが多く、最も緩い例で四五度ほどである。虎口では九〇度に近い。その値は土居の四五度よりかなり急勾配であって、急勾配に築けることが石垣の利点である。

反り

日本の石垣の多くは、下方は勾配だけで直線的に築かれており、上方は緩い凹曲線を描いて反っている。慶長の前半期では、上方のわずかな部分だけに反りを付けた例が多く見られる。慶長後半期になると、反りは概ね石垣の高さの二分の一から三分の二辺りより上方において付けられるが、例外は少なくない。幕府による江戸城や大坂城の再築工事が始まった元和期（一六一五～二四）以降になると、反りを付け始める位置が下がり、三分の一より上方に反りを付ける例が多く見られる。

石垣の勾配と反りについては、江戸時代の石工の技術書に専門用語が見られる。例えば、加賀藩穴太《あのお》方の後藤彦三郎が江戸後期に編纂した秘伝書『唯子一人伝《ただこひとりづたえ》』においては、勾配は矩方《のりかた》、反りによって勾配より迫り出す長さを規合《のりあい》と記す。後藤家の文書によれば、規合は勾配によって水平に傾く距離のおよそ四分の一という。

石垣の上方に反りを付けるのは、石垣の強度を高める技法と言われているが、その最大の目的は敵が登るのを防ぐためである。石垣の反りには防御という実際的な意図があるが、それによって生まれる造形は美しく、世界中で最も美しい城壁であると言える。

高い石垣の最初期例である安土城では、信長時代の当初の石垣は比較的に緩い勾配で築かれている。石垣

▲新しい反り（二条城天守台）寛永三年（1626）

▲標準的な反り（松江城二の丸）慶長 12 ～ 16 年（1607 ～ 11）

の隅部を見ると、斜めに一直線に立ち上がっていることが分かる。安土城の石垣でも昭和時代に再築された石垣は上部が少し反っているので容易に区別がつく。

石垣上部に「反り」がつくのは、天正末期（一五九〇年頃）からで、その頃に築かれた広島城天守台が早例である。慶長五年（一六〇〇）の関ヶ原の戦い以降になると、全国的に反りのある石垣が標準となった。反りのない古い石垣は、関ヶ原以前に築かれたものが多く、徳島城・大和郡山城（奈良県）・竹田城（兵庫県）・浜松城（静岡県）・会津若松城（福島県）などで見られる。関ヶ原以降になると、美しい反りをもつ石垣が標準となって、高知城・名古屋城・大坂城・金沢城・江戸城など全国の多くの城で見られる。

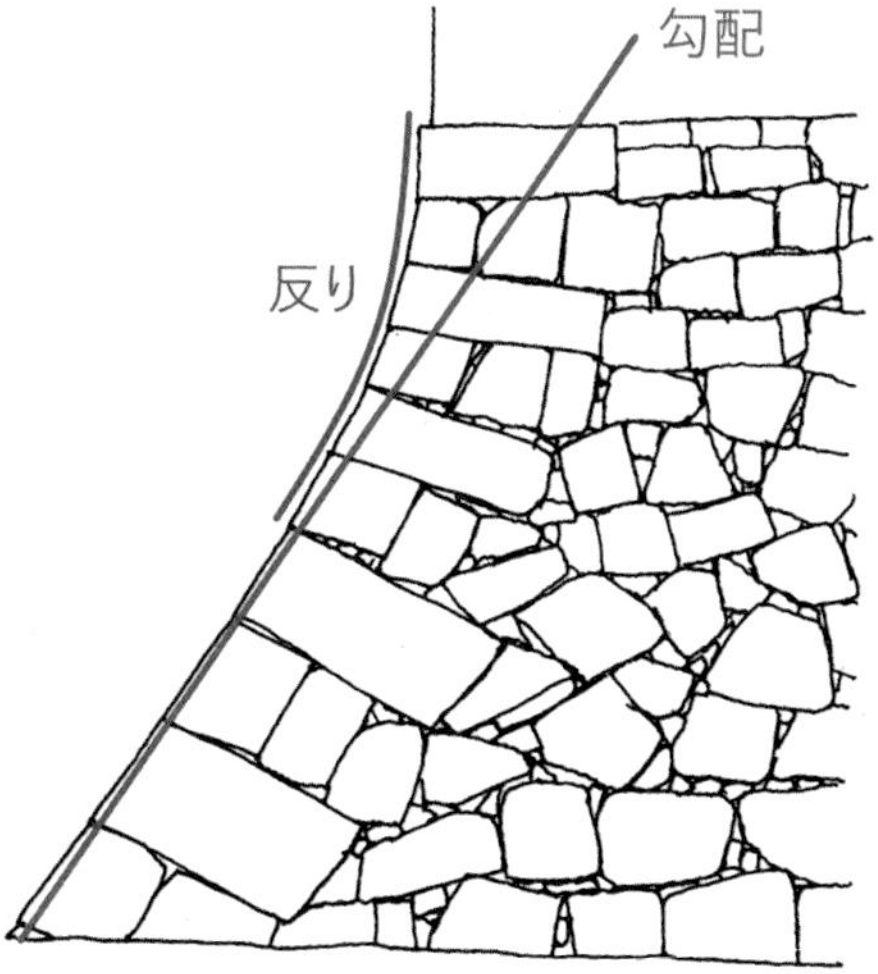

▲勾配と反りの模式図

石垣の反り
◀反りなし（会津若松城天守台）文禄頃（1592～96）
▶上方だけの反り（丹波篠山城天守台）慶長14年（1609）

▲反りがほとんどない石垣
（熊本城平櫓台）

▲強い反りのある石垣
（熊本城小天守台）

▲一般的な反りのある石垣
（熊本城本丸西面）

▲急勾配すぎて反りが少ししかつけられなかった石垣
（熊本城飯田丸五階櫓台）被災前

熊本城の石垣の反り

一連の曲線に見える反りは、実際には上方にいくにつれて少しずつ急勾配になる折れ線を連続させたものである。その少しずつ急勾配になる疑似的な曲線は、双曲線や放物線といった二次曲線の一部に近似する。江戸時代に行われていた反りの付け方については、後述（第三章第一節）することにする。

なお、熊本城の石垣は特に強い反りが有名で、「扇の勾配」「忍び返し」「清正公流《せいしょうこうりゅう》石垣」などと称えられている。しかし、熊本城内でも本丸辺りに見られる特に高くて慶長三、四年（一五九八、九九）頃に築造された古い石垣には反りがほとんどない。それとは対照的に、小天守台《こてんしゅだい》や南正面から本丸を眺めた時に見られる、高さがやや低くて年代が慶長十年（一六〇五）以降に下降する石垣に強い反りが見られる。「扇の勾配」と称されるような強い反りをもつ石垣は、実際には熊本城内においては少数派なのである。

第四節　石垣の形式分類

分類の始まり

　城郭の石垣は、築石の外見上の形質と積み方によって分類されてきた。そうした石垣の分類は江戸時代から既に行われてきたが、それを早くに記録したのは儒学者であり軍学者でもあった荻生徂徠《おぎゅうそらい》である。彼が享保十二年（一七二七）に著した軍学書『鈐録《けんろく》』には、築石の加工の程度によって、野面《のづら》（原文は「野ヅラ」）・打込接《うちこみはぎ》（同「打込ハギ」）・切込接《きりこみはぎ》（同「切込ハギ」）の三種類の区分が提示されている。

　徂徠によると、野面は「アリナリノ石ニテツキタル石垣ナリ」としており、あるがままの石で築いた石垣すなわち天然の石（野石《のいし》）を加工せずに築いたものである。打込接は「槌ニテカドヲ打ヒシギテツキ合セタルヲ云」としており、槌《つち》で角を打ち拉《ひし》いで突き合わせたもの、すなわち石の出っ張ったところを金槌で打ち欠いて接合させたものである。切込接は「タガネヲ以テスリ合セタルヲ云」としており、鏨《たがね》（柄を含めて全体が鋼製の鑿《のみ》）を使って石どうしを擦り合わせた、すなわち密着させたものである。

　徂徠は石垣の専門家ではなく、おそらく石工から聞き取った内容であると想像されるため、形式分類の定義としては不完全ではある。しかし、今日でも広く使われている分類の元祖となったものである。今日において使われている分類は、筆者が実情に合わせて以前に再定義したもので、次項のようになる。

　なお、江戸後期の思想家・林《はやし》子《し》平《へい》が天明六年（一七八六）に著した『海国兵談《かいこくへいだん》』では、「野面」「打欠《うちかき》」「切合せ」と三種類の石垣を挙げている。打欠は打込接、切合せ《きりあわせ》は切込接と同義であって、徂徠が示した三種の石垣とほぼ同じ定義がなされている。

野面・打込接・切込接と布積・乱積

城郭石垣の形式分類は、築石の形質すなわち加工の程度と築石の並べ方によって、外見上で判別される。石垣を解体してみると判別が変わることもあろうが、そもそも厳格に判定すると、多くの実例で野面と打込接は混合した形式となってしまい、石垣の鑑賞には全く役立たない。人が手仕事で造ったものに対しては、絶対的な形式分類はそぐわないのである。

　さて石垣の形式分類は、築石の加工の程度によっては、野面・打込接・切込接の三種類に分類され、築石の並べ方によって布積《ぬのづみ》・乱積《らんづみ》の二種類に区分される。したがって、これを組み合わせた三×二通り、都合六種類に石垣は分類される。

　野面は、天然の石、すなわち野石をあまり加工せずに積み上げたもので、石垣表面の隙間が極めて大きい。合端《あいば》が極端に尖っていて座りが悪い場合には、金槌で尖り部分を打ち欠いて合端の調整が行われた例（徂徠が打込接としたもの）がかなり含まれているだろうが、石垣の外見からは合端は見えないのでそれを区別することは無理であり、また石垣解体時の学術的調査でもなければ区別する意義も全くない。宇和島城（愛媛県）の藤兵衛丸《とうべえまる》の石垣は典型的な野面に分類されるが、一部の築石には座りを良くするため下面に少し削り加工が施されている。そうした軽度な合端の加工があっても、野面に分類すればよい。

▲下面を加工した野面の築石
（宇和島城藤兵衛丸）

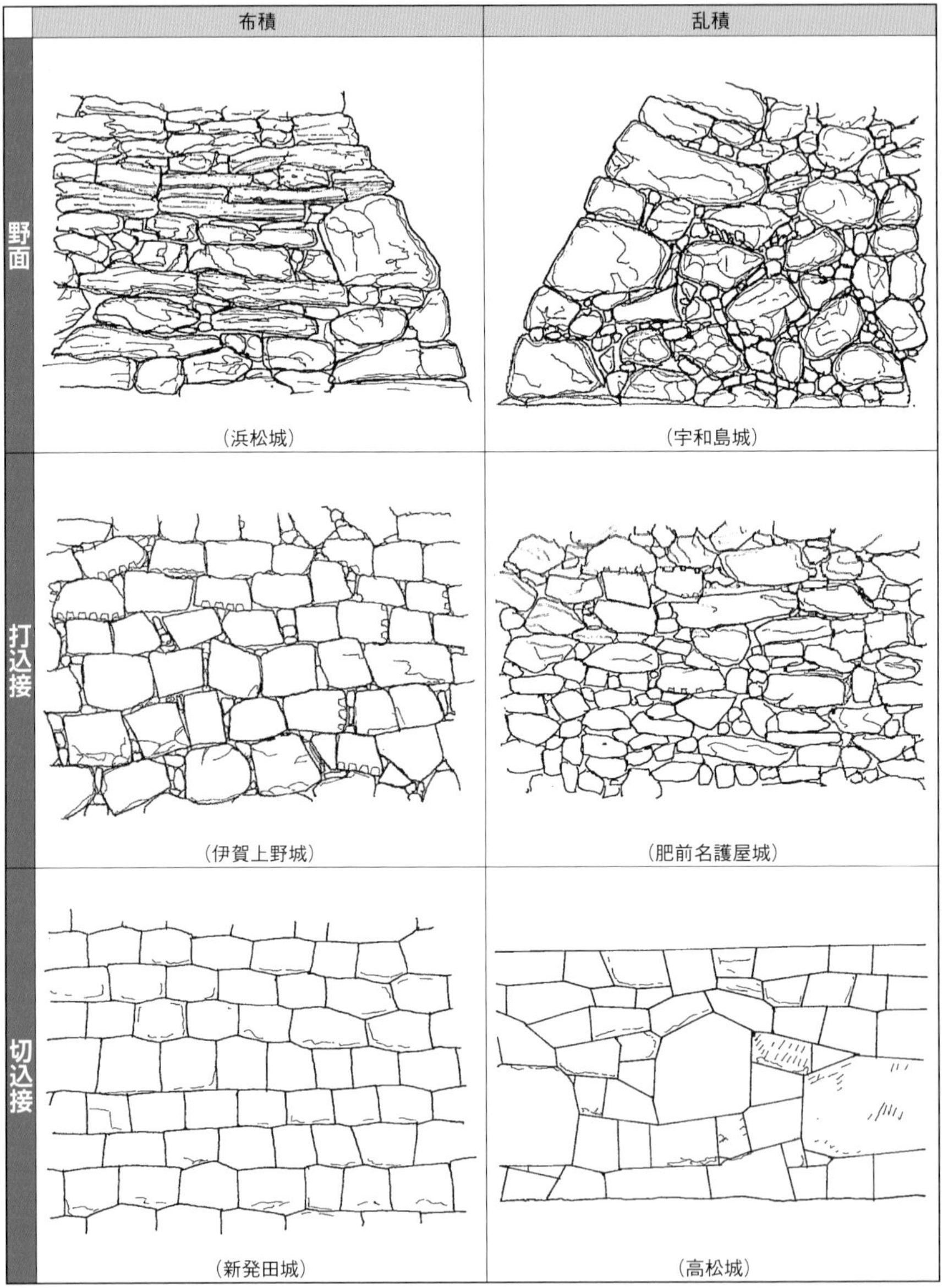

石垣の形式分類の模式図

▲野面布積（二本松城本丸）

▲野面乱積（岡山城天守台）

▲打込接布積（熊本城本丸）

▲打込接乱積（熊本城本丸）

▲切込接布積（江戸城天守台）

▲切込接乱積（江戸城常盤橋門）

石垣の形式分類

打込接は、石どうしの接合部を加工して隙間を減らしたものと徂徠は定義しているが、実際は採石場で割り取ってきた石材を使ったため、隙間が劇的に少なくなったものが一般的である。近代になって定義された別の形式分類で樵石積《こりいしづみ》といわれるものと同じである。なお、野石を二つに割って、その割り口を面に向けたものは、合端を加工していないので構造的には徂徠がいう野面であろうが、野石ではなく割石《わりいし》を使うこと、またそうした例では樵石に近い築石（表面上での区別は困難）も使われているので、打込接に分類しておけばよい。気になるなら、割石が使われている打込接と思えばいいのである。

切込接は、接合部を完全に加工して隙間をなくしたもので、これについては徂徠の定義通りである。

並べ方については、布積は横方向に層状に築石の列が並んでいるもの、乱積は築石が大小不揃いのために層に大きな乱れを生じているものである。石材の大きさが揃っている場合は、必然的に布積になるので、割石を多く使う打込接には布積が多く、特に樵石の場合はほぼ布積となる。なお、布積の「布」は平ら・水平・横・平行といった意で、布積は現代の建築現場では整層積《せいそうづみ》ともいう。切込接の場合では、築石を自由自在に加工するため、かえって技巧を凝らせた乱積が多く見られる。

亀甲積・谷積

江戸時代後期になると、低い石垣では築石を六角形に加工した切込接が登場し、亀甲積《きっこうづみ》と呼ばれた。亀甲は六角形のことである。加工に手間が掛るため、大量に石材を使う城郭にはあまり応用されず、寺社の境内の石垣に使われることが多かった。なお、六角形の築石に五角形や台形のものが混じる例が少なくないが、それらも亀甲積とされている。

さらに江戸時代末期の十九世紀中期になると、築石の面を四五度回転させて対角線が上下・左右に向くように、築石を斜めに積む谷積《たにづみ》（落し積）が現れた。築石の面を水平に積む布積や乱積では、上下の築石は上端と下端の各一面のみで接合しているが、谷積ではV字形となる各二面で接合するので安定しやすい。このV字形を谷といい、谷に築石を落し込むので落し積ともいう。V字形に二面が固定されるので安定しており、

▲野面・谷積（岐阜城天守台）近代

▲打込接・谷積（松山城二の丸）幕末

▲切込接・谷積（龍岡城）幕末

▲切込接・亀甲積（駿府城三の丸）幕末

▲矢筈積（加納城本丸）近代

▲間知石積の谷積（姫路城三の丸）近代

亀甲積・谷積・間知石積・矢筈積

したがって控えが極めて短い石材を素人でも容易に積み上げることができる。一種の手抜き工法であるとも言える。石材の量をかなり節約できるが、控えが短いため地震動や経年変化に対抗する絶対的な安定性が著しく劣り、高い石垣には全く不向きである。一般的に谷積は明治以降になって大流行し、昭和以降になると、石垣は谷積としてモルタル接合の練積《ねりづみ》とすることが土木工事で規定された。

以上をまとめると、城郭の石垣は、野面・打込接・切込接と布積・乱積を組み合わせた六種類に亀甲積・谷積を加えたものに分類される。この場合、亀甲積は加工度の高さから必ず切込接となる。谷積には野面・打込接・切込接があるが、野面の谷積のほぼ総ては近代の素人作である。谷積の切込接・打込接は幕末築造の石垣も含まれるが、近代の作が大多数を占めるので注意が必要である。

間知石積・矢筈積

おおまかに四角錐台に成形した石材を間知石《けんちいし》といい、江戸時代後期に登場した。その正方形の底面を面に向け、尖った方を背面に向けて積んだ石垣を間知石積という。石材が規格化されているので、隙間はほとんどなく、ほぼ切込接になる。間知石の底面は一尺(約三〇センチメートル)角以下の小さなものが標準的である。間知石積は布積にする場合と谷積にする場合があり、明治以降はほとんどが谷積である。

なお、昭和以降のモルタル接合の練積の石垣は、ほぼ総てが谷積の間知石積である。モルタルを目地に入れる際に、布積では縦目地にモルタルを詰めにくいが、谷積のV字形の接合部はモルタルを塗りやすくて都合が良かったからである。

間知石積の築石の面が正方形であるのに対して、面を細長く成形した(あるいは細長い野石ばかり選んだ)築石を用いて、傾ける向きの左右を一段ずつ交互に変えて積み上げた特殊な谷積を矢筈積《やはずづみ》という。野面・打込接・切込接の例があり、切込接では長方形に加工される。いずれも近代に流行した石垣であって、明治維新以前の城郭に使われた例は珍しい。

野面と切込接の強度

石垣の表面から見た築石どうしの隙間は、野面・打込接・切込接の順に少なくなる。隙間の大きな野面は隙間のない切込接より強度が劣っているように見えるが、築石の内部構造から見ると逆であることが分かる。先述したように、上下・左右の築石どうしは合端と飼石によって接して固定されている。築石の加工度の違いによって合端の位置に大きな違いがあるため、野面・打込接・切込接には大きな強度の差が生まれるのである。

隙間の大きな野面では、合端は概ね面より二〇〜三〇センチメートルほど奥側にある。そのため控えも長くする必要がある。それに対して切込接では、合端は石垣の面の直後にあり、その後方は全く接していない。後方で少しでも築石どうしが接するとそこが合端となって上下の築石がつかえて動かなくなるので、面に隙間ができてしまうからだ。後方で築石どうしは接することがないので、切込接の築石は概して控えが短い。

切込接は面に隙間がないので、築石全体が上下・左右で互いに密着しているかのように見える。しかし、実際の石垣工事で築石の全体を密着させるには膨大な作業が必要となるので、仕事の手間を省くために表面だけ密着させ、後方ではわざと密着を避けているのである。そうした仕事上の省力化いわば合理化を「逃げ」といい、伝統的な木造建築の分野においても、表面で隙間なく密着させる場合には、奥側にわざと隙間

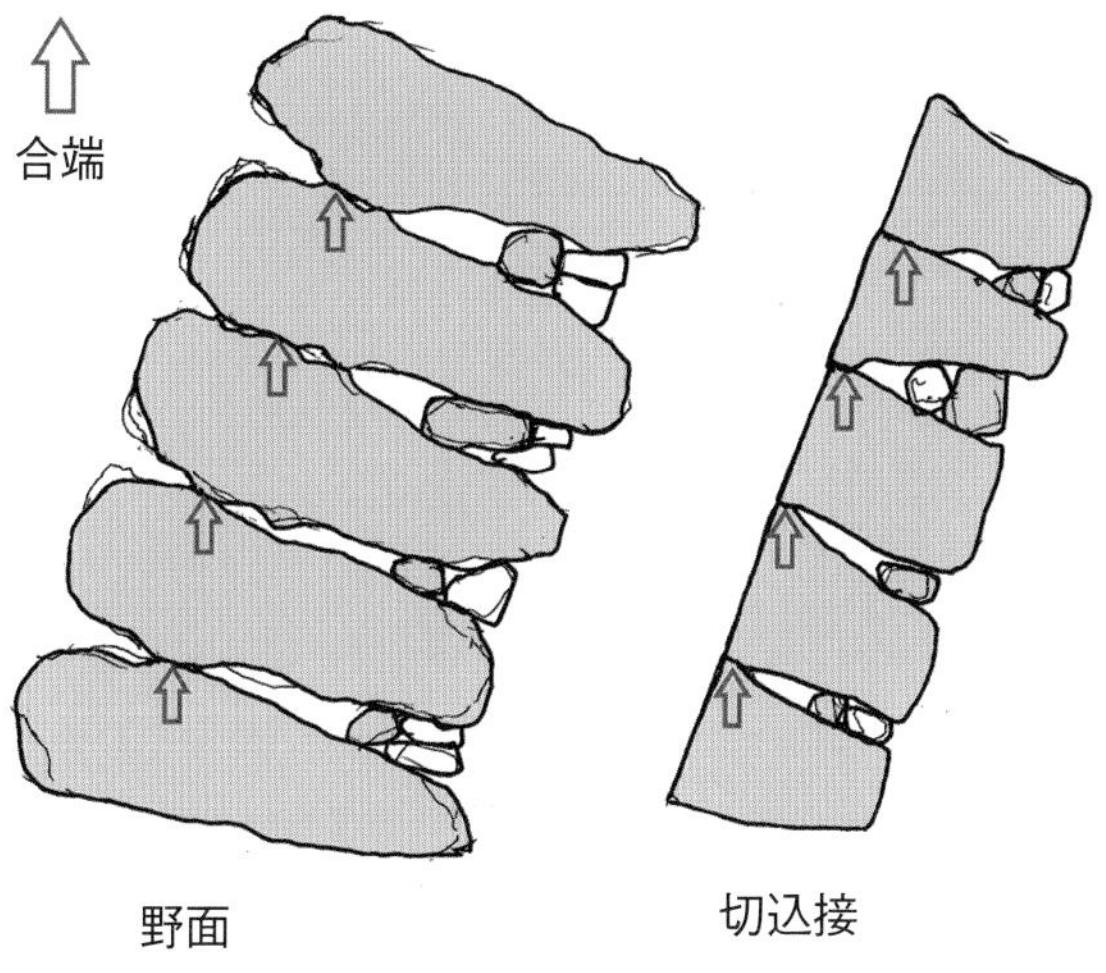

▲野面と切込接の断面模式図

を作って密着しないようにする。すなわち逃げは日本の伝統技術の一つと言える。

このような合端の位置の決定的な違いによって、野面と切込接には大きな強度差が生じる。大地震によって築石が揺らされると、築石は石垣の外側へ少し移動する。左右は隣り合う築石、奥側は裏込に押さえられて移動できないからだ。野面では合端が面より二〇〜三〇センチメートルも奥側なので、数センチメートル築石が外側へずれたとしても深刻な問題は生じず、合端の位置が変わることがあっても崩れることはない。ところが切込接では、地震で築石が数センチメートル外側へ移動したら、面の位置にある合端は直ちに外れてしまい、石垣が大きく歪むか崩壊することになる。したがって、合端が面に近い近現代の野面は別として、一般的には野面は切込接より強度が大きいのである。

打込接でも築石どうしは面では接しておらず、合端もかなり奥側にあるので強度は大きく、築石の大きさや形状が野面より揃っていて全体的に隙間が小さいので、野面よりも強度は大きいと言える。

その一方、切込接の算木積《さんぎづみ》(隅部の積み方の一つ、詳しくは後述)では、逃げをとらずに上下の隅石を完全に加工して密着させており、強度は極めて高い。さらに、江戸城において十七世紀中期以降に築造された二の丸下乗門や中之門などの巨石を使った切込接の石垣では、巨石のため逃げを講じず、築石全体を直方体に成形している。膨大な労力が掛けられており、また逃げがないので飼石ではなく敷金《しきがね》という鉄板で調整されている。これについては後述する。

形式分類の実際

石垣の形式分類を実際に行おうとすると、分類が困難であったり紛らわしかったりする場合にしばしば遭遇する。最初に面食らうのは、城ごとに築石に使われている石材の形質の差が大きいことで、それによって石垣の印象が全く相違するものとなる。形式分類よりかえって差異が大きいことすらある。例えば野面では、丸みのある石材と角張った石材、打込接では形や大きさが不揃いな石材と四角く揃った石材、切込接では気ままな形に成形された石材と四角く几帳面に揃った石材である。その違いが城ごとの個性なので、分かりにくいとは思わず、形式分類と同時にその個性の多様性

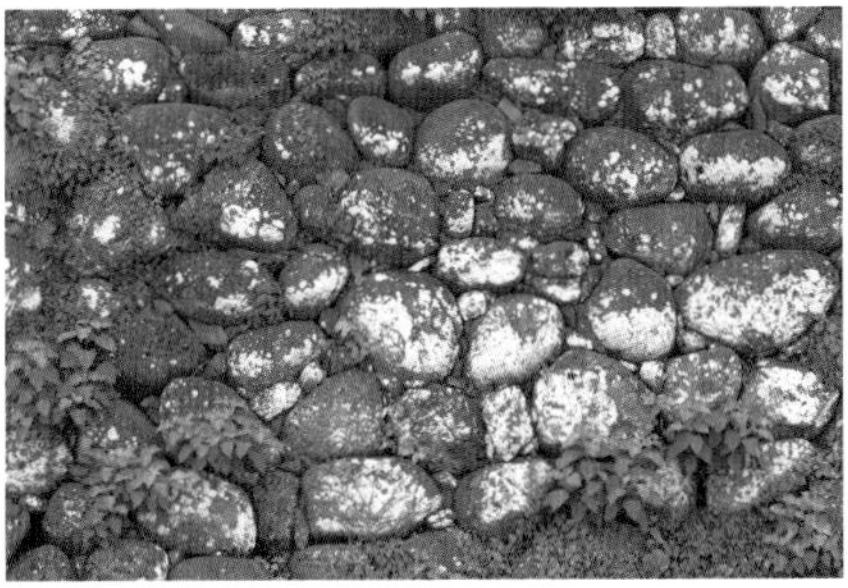
▲野面（丸みのある石材）（石田城二の丸）

▲野面（角張った石材）（岡山城大納戸櫓台）

▲打込接（不揃いな石材）（津城本丸）

▲打込接（四角い石材）（大坂城）

▲切込接（気ままな形の石材）（石田城二の丸）

▲切込接（揃った石材）（仙台城二の丸）

石材の違いによる石垣の個性

を楽しめばよい。

実際の形式分類において、まず布積と乱積については、典型的なものは意外に少なく、両者が混在したり両者の中間的なものであったりする。石垣の築造に際しては、一般的に石材を横に並べて一段ずつ築き上げる。築石が樵石の場合は寸法が規格化されているので、ほぼ典型的な布積になる。石材を切り出す時に多少の大小差が生じることは多々あるが、築石の少しばかりの大小差では横方向の並びの層に多少の乱れが生じるだけで、ほぼ布積になる。時には規格外の築石ができたり、築石の面が台形や三角形になってしまうことや面と胴がねじれてしまうことがあったりするが、その場合には横方向の石列が大きく乱れて上下に蛇行したり、一段の石列が途中で二段に分かれたりもする。

野面、あるいは割石を使った打込接の石垣では、石材の成《せい》（縦方向の寸法）を一定に揃えることが難しく、乱積になることが多い。しかし、乱積であっても大体のところ一段ずつ築き上げられているので、横方向の

▲少し層が蛇行する（岡山城本丸中段）

▲層が途中で分岐・合流する（二本松城三の丸）

▲層は大きく乱れているが、一段ずつに区別できる（石垣山一夜城）

布積の層の乱れ

▲ほぼ布積（野面）（松坂城天守台）

▲ほぼ布積（打込接）（津城本丸）

▲中間（野面）（石垣山一夜城）

▲中間（打込接）（広島城二の丸）

▲ほぼ乱積（野面）（美濃金山城）

▲ほぼ乱積（打込接）（赤穂城三の丸）

布積と乱積の中間（ただし観察者によって判断は相違する）

築石の並び層が全くないわけでもなく、ひどく上下しながら時には一段が二段や三段になったり、上下の段が合流したりしているだけである。そうした横方向の層の乱れ方が著しくて層の見極めができないのが乱積の典型例である。

そして多くの実例は、典型的な布積と典型的な乱積の中間のものである。さらにその中にあっては、ほぼ布積で一部が乱れている例や、布積ではあるが石列が上下方向に大きく蛇行する例といった、やや乱積の布積、それとは逆にやや布積の乱積が見られるのである。それらを総て厳格に分類しようとすると、分類の名称が増えて煩雑になるだけであって、数学のように厳密に定義する意義はない。中間的なものが多く存在するのは当然のことであって、ほぼ布積、少し乱れた布積、ほぼ乱積というような文学的な表現を用いることが肝要である。なお、「布積み崩し」という分類名称もあるが、意図的に布積の層を崩して乱積に近づけたものではなく、不揃いな石材しか用いられなかったために少し乱れた布積になったことをいう。

次に野面と打込接の区別についてであるが、これには難しい場合が少なくない。野面とは、語義からすれば面を加工していない築石を用いたものである。すなわち天然のままの野石で、石材の形質によっては面が尖っていたり丸みを帯びていたりする、いわゆる「面のない」古式な野面を含む。その一方、天然の節理で割れた石材を用いると、面が平滑な野面になる。「面のない」野面は区別が明瞭であるが、節理による割

▲面のない古式な野面
（彦根城天秤櫓後方）

▲矢穴が残る石材
（江戸城本丸汐見坂）

れ石を使った例では、築石が角張り、隙間も少なく、打込接と見紛う。また節理による石材のひび割れを利用して人工的に割り採った割石との区別はほぼ不可能である。もちろん徂徠が言うような合端の加工などは、表面観察で確認できるものではない。

　なお、野面といっても年代が下降すると、割石や樵石が少し混入した例が見られる。後世になって積み直された場合では、その混入は多くなる。割石の混入割合が半数近ければ、野面と打込接の中間であると判定すればよい。さらに、野面には墓石などの加工された石材が混入することも少なくないが、墓石も野石と同じように採取してきたものをそのまま積んでいると考えればよいであろう。

　今日、打込接に分類されている石垣の大部分は、樵石や割石を用いたものである。したがって、石材を人工的に割る際に用いる矢穴《やあな》の有無を見極めて、矢穴があれば打込接、矢穴が全くなければ野面ととりあえず分類すればよいであろう。築石の表面に矢穴が見えていなくても、側面や背面に矢穴が隠れていることが多いので、総ての築石において矢穴が確認される必要はない。矢穴については次章で詳しく述べる。もちろん、打込接の石垣の築石のなかに野石が混入している場合も少なくないが、そうした混入を見つけた時には、ほぼ打込接と判定すればよい。

　切込接と打込接は区別が明瞭のようにも思えるが、紛らわしい例もある。江戸時代中期から後期において打込接の樵石の規格が小さい場合では、隙間がわずかになり、ほぼ切込接になる。また、会津若松城で見ら

▲割石が少し混在する野面
（会津若松城天守台）

▲切込接と紛らわしい打込接
（会津若松城本丸）

れるような、打込接の築石と合石を徹底的に加工して、築石と合石を完全に密着させた例では、築造方法からすれば打込接、加工精度からすれば切込接であって、どちらかに分類するのは躊躇される。そうした例においては、分類の中間もあることを認めるべきであり、あえて別の分類名を与えることは避けたい。

他の形式分類

石垣の形式分類には、以上に述べたものとは別の方式または別の呼称がある。研究者によりあるいは業界によりかなりの相違があるので注意が必要である。もちろんどれに従うかは読者の自由であるが、参考のために次に紹介しておくことにする。

築石の加工程度については、天然のままのものを積んだ「野石積《のいしづみ》」、割り取ってきたものを積んだ「樵石《こりいし》積《づみ》」（割石を含む）として二種に分類する方法がある。今日一般的に使われている荻生徂徠が記した「野面・打込接・切込接」という分類は、徂徠が示した定義のままでは合端の加工程度による分類であって、前述したように学術的には正しくはない。本来は「野石積・樵石積」のほうが正確である。ただ、樵石積には見掛けが全く異なる打込接と切込接が含まれていて不都合なため、切込接については特に「切石積《きりいしづみ》」と呼んでいる。

築石の並べ方については、布積を「整層積《せいそうづみ》」、乱積を「乱層積《らんそうづみ》」とも呼んでおり、土木建築業界でよく使われている。また、研究者によっては、布積を「布目《ぬのめ》積《づみ》」という。石工職人の間では、布積を「通し積み」、乱積を「落とし積み」と呼ぶことがあったというが、「落とし積み」は谷積と混同している可能性がある。

以上は近代の分類であるが、江戸時代のものとしては、前述したように林子平が『海国兵談』で挙げた「野面・打欠・切合せ」が「野面・打込接・切込接」と同じものである。

そのほかに金沢藩の穴太後藤家に伝わる『唯子一人伝』に挙げられた分類方法が有名であり、山目《やまめ》打込（積）・亀甲積・四方切合《きりあわせ》（四方伐合）積・曲尺《かね》場取残《ばとりのこし》（金場取残）積・半切合（半伐合）・半鶴《はんつる》半切合（半鶴半伐合）・面《めん》切合（面伐合）・鶴目《つるめ》積（俵口積）・鏡積・野面（積）・胴切合（胴伐合）の十一種類が列挙され、そのうちの八種類と「布築切合」が挿図で示されている。挿図は描写が稚拙であって、山目打込積・半鶴半切合・鶴目積・野面積については、ほとんど同じようにしか見えない。また、現代的な分類の概念に従っておらず、煩雑で極めて分かりにくい。

このうち「亀甲積」はもちろん亀甲積のことであって、高い石垣には使わないとする。「鏡積」は巨石（鏡石《かがみいし》、第二章第三節に述べる）を入れるもので、石垣の形式分類とは別の概念である。「切合」は切込接、「布築」は布積のことである。「四方切合」は面が正方形の築石を用いた切込接布積で、「布築切合」は面が長方形の切込接布積である。「打込」は「切合」をかなり粗くしたもので、すなわち打込接のことであって、「四方切合」を粗くしたものを「打込四方積」という。「山目」は石を筋違いに積むことで、いわば整った乱積であって、「山目打込」は打込接乱積に相当するが、石の面は仕上げないとし、山より切り出したままとする。「曲尺場取残積」は切込接の一種で、築石の面は目地部分のみ仕上げ、中央部は粗いまま残しておくものであって、表面仕上げを含んだ分類となっている。「面切合」は築石の「めん」を取る切込接という。「鶴目積」は円形の築石を水平に積んだもので、面は大雑把に平らに均す。したがって円い築石を使った野面の

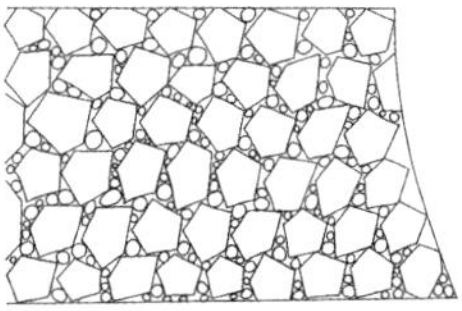
▲山目打込積

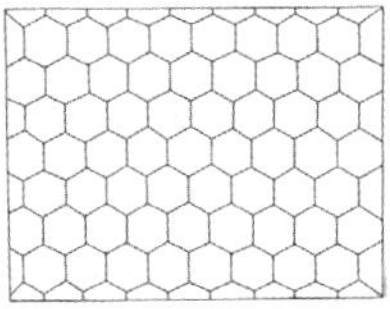
▲亀甲積

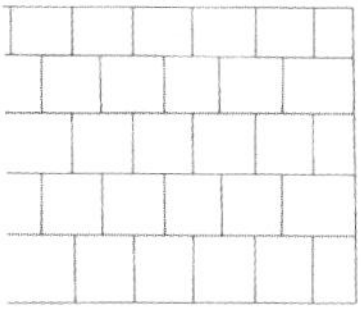
▲四方切合積

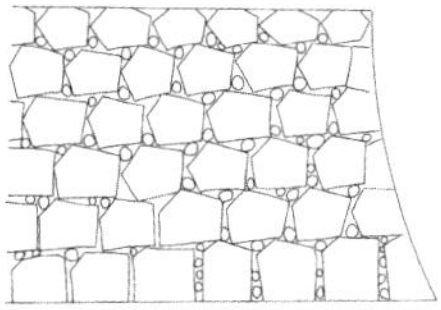
▲半鶴半切合

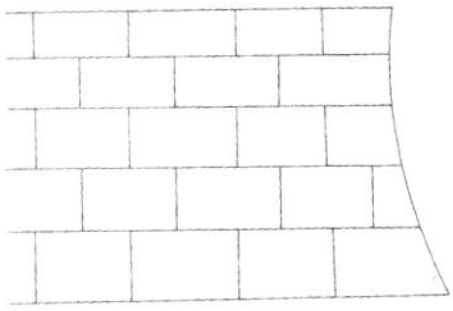
▲布築切合

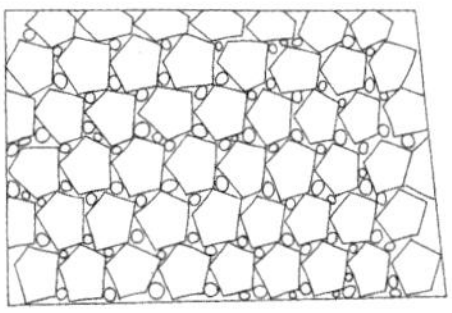
▲鶴目積

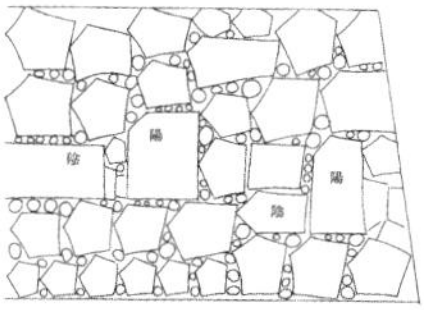
▲鏡積

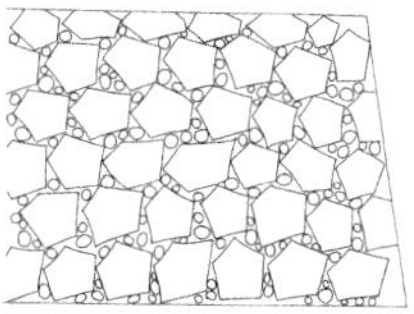
▲野面積

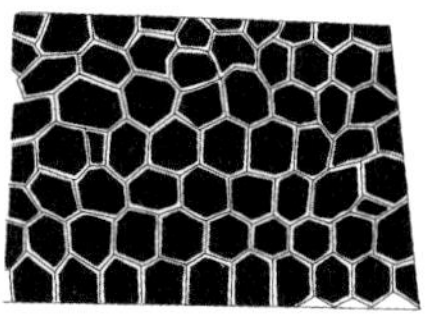
▲曲尺場取残積

『唯子一人伝』に挙げられた石垣の分類

布積に相当する。「半切合」は少し隙間が空いた切込接（すなわち打込接との中間）で、「半鶴」は、築石の形が円形ではなく不同であって、多くを成形したものとする。「野面」は水平にも少し筋違いにも積み、「山目」と同様に切り出したままの築石であるが、「山目」ほど石の面がなく、隙間に栗石を多く詰め、合端がなければ打ち欠くとする。すなわち野面に相当する。なお、「布築切合」は長方形の築石を並べた切込接であるが、それに長短があれば「布築くずし切合」という。「胴切合」は「秋の野面積」（隙間の少ない野面）の築石の胴（側面）を切り合わせたものという。

以上のほかに、牛蒡積《ごぼうづみ》といわれるものがある。特に細長い築石を牛蒡に見立てて牛蒡石といい、石垣の表面に石の小口を見せ、奥行に長手を向けて牛蒡を山積みにするように積んだ石垣で、強度上では理想的である。ただし、石垣を表面から見ただけでは判別できず、崩れた部位を見ないと分からない。しかし、関ヶ原の戦い以降の石垣では、面より控えが長いのが常識であって、面の二倍程度が控えの長さなら通常の築石であり、牛蒡積とわざわざ呼ぶ必要は全くない。三倍以上あれば特別なので牛蒡積であろうが、そのような例は通常は見当たらない。

そのほか備前積《びぜんづみ》（備前築）というものが備前岡山藩で行われていたという。野面の乱積ではあるが、その隙間をなくした積み方をいい、近代的な野面に近い。見方を変えれば表面加工の少ない切込接である。城においては高知城追手門枡形において十九世紀に積み直された部分がそれに類する。なお、高知城には野面の石垣が散見されるが、それらは慶長の築城当初より隙間が少なめであった。

跳出

石垣の天端石を精密に加工して、石垣の上端から外側へ張り出したものを跳出《はねだし》（桔出とも書く）という。林子平の『海国兵談』に記されているもので、石垣の勾配三等として下縄《さげなわ》・緩《たるみ》・桔出の三種類を挙げて、下縄は石垣の上部が垂直のもの（実例は宮崎県日南市の飫肥《おび》城など稀）、緩は通常の反りのあるもの、桔出は軒のように石を跳ね出したもので乗り越え難きとする。

跳出の実例は、人吉《ひとよし》城（熊本県）・品川台場（東京都）・

龍岡城（龍岡五稜郭・田野口藩陣屋、長野県）・五稜郭などの幕末築造の石垣に限って見られる。敵の侵入を防止する武者返しであって、石垣上に土塀を設けない場合だけにおいて応用された。跳出の上部には土塀の代わりに土塁が設けられている。土塀を掛けておくと、大砲の着弾で破壊されて土塀の破片が飛散し、人

跳出
▲品川台場
▼龍岡城

▲下縄
（飫肥城）

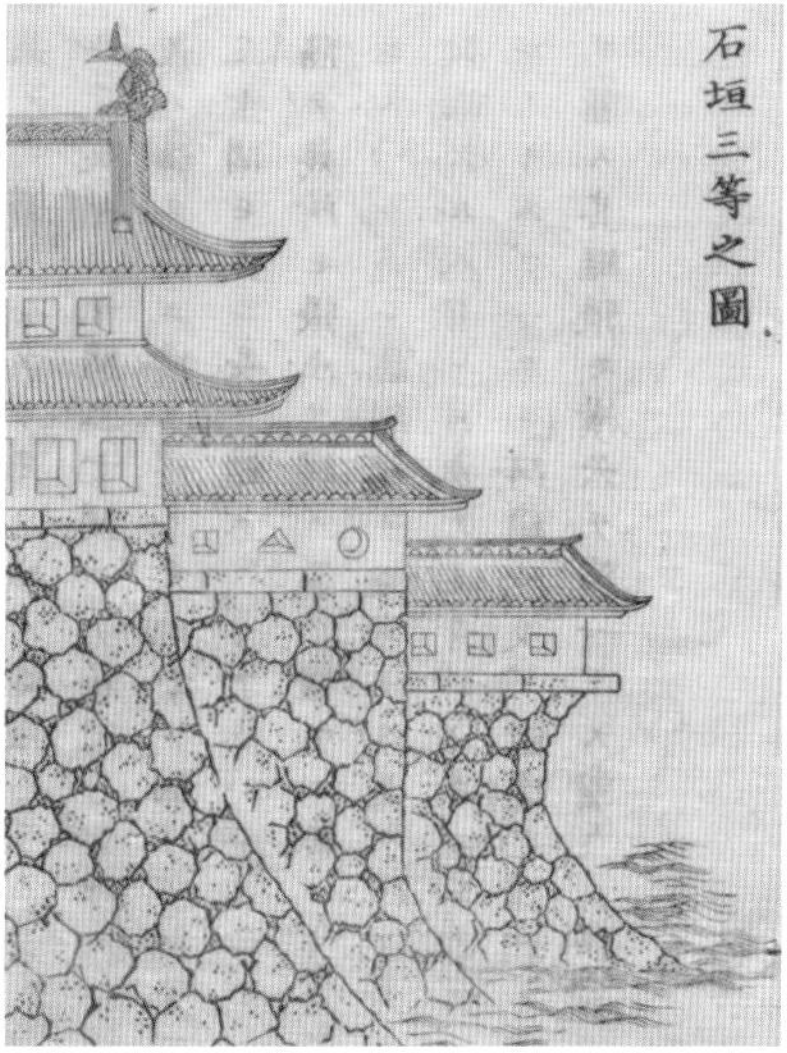

▲石垣勾配三等の図『海国兵談』
左から緩・下縄・桔出

的被害の虞があるからだ。したがって、単なる武者返しと考えてはならない。なお、『海国兵談』の桔出の図は、石垣が反り返る逆反り（規返し《のりがえ》）になっており、その上に建物を載せているので、非現実的である。

石垣の形式と石材の種類

城郭石垣の築石の多くは堅牢で美しい花崗岩である。良質な花崗岩を豊富に産出する北九州、瀬戸内海周囲、中国山地、近畿地方中部、福島県東部などでは、主に石切り場から大量に調達した花崗岩を使った壮大な打込接の石垣が見られる。

花崗岩が風化して岩石内の鉄分が酸化したものは褐色を帯び、錆《さ》び石と呼ばれる。錆び石の多くは山中に転がっている天然の石材で、一般的に野面になる。花崗岩が節理で割れたものは、古代の朝鮮式山城である神籠石《こうごいし》に多く見られるが、近世城郭では大量の石材が必要なため、例が少ない。古代の神籠石から石材を調達して黒田官兵衛が築いた中津城（大分県）の石垣は、節理のために角張った石材なので打込接に見える。

河原や海岸の水流で削られて丸みを帯びた花崗岩（安山岩や玄武岩の例もある）は、横須賀《よこすか》城（静岡県掛川市）のように、そのまま使えば野面になるが実例は稀である。大きな丸石の面を割り取った割石を使うと、面は平滑であるが、合端は丸いままで、構造的には野面である。福岡城で多く見られるが、割石と樵石を混用しているので、打込接に分類される。

花崗岩に次いで石垣に多く使われたのは、安山岩である。安山岩は暗い灰色の火山岩で、伊豆半島内外で産出する伊豆石が有名である。江戸城の石垣の大部分は伊豆石である。また、熊本城の石垣も安山岩で築かれている。城の石垣で黒っぽい石材を見かけたら、その多くは安山岩であり、特に黒い石材なら玄武岩である。

日本列島を東西に走る中央構造線の近辺では、変成岩や火山岩（安山岩・玄武岩）やチャートが多く産出するので、独特な石材を使った城が見られる。中央構造線に沿って西から臼杵《うすき》城天守台（大分県）、大洲城天守台（愛媛県）、徳島城、和歌山城、田丸《たまる》城（三重県玉城町）、鳥羽城（三重県）、吉田城（愛知県豊橋市）、浜松城（静岡県）などでは、庭石に使われるような変成岩等の銘石が築石となっている。一般的に変成岩は固くて、自在には割りにくいため、野面が多くなる傾向がある。なお、中央構造線より北方は、花崗岩地帯が広がっている。

その一方、柔らかい砂岩や凝灰岩を用いた場合は、加工が容易なため切込接が応用しやすいが、耐用年数が短く、築石が割れて崩壊の原因の一つとなっている。宇和島城天守台は、砂岩を用いた切込接のやや亀甲積で、幕末の安政年間（一八五四～六〇）の築造であるが、すでに築石が劣化して崩れ始めている。和歌山城では、十七世紀前期に築造された砂岩の石垣の破損が著しい。

珍しい石材としては石灰岩があり、八代《やつしろ》城（熊本県）、岩国城（山口県）、大垣城（岐阜県）などで白色の美しい石垣が見られる。大垣城天守台の築石の石灰岩には、化石が多量に含まれている。

▲神籠石から運ばれた石材
（中津城）

▲丸石の石垣（上部は復元）
（横須賀城）

▲割石
（福岡城下の橋大手門）

なお、城郭の石垣は、見事な花崗岩を使った大坂城のように一種類の石材だけで築かれた例は比較的に少なく、異種の石材を混用した例が多い。変成岩・砂岩・花崗岩が混在する和歌山城、花崗岩と砂岩・凝灰岩などが混在する名古屋城、安山岩と花崗岩が混在する江戸城といった例の方が一般的である。さらに細かく見れば、花崗岩についてもその産地は多岐にわたり、それによって築石の色合いが相違して石垣の趣が増すのである。異種の石材が混在する要因は様々であるが、江戸城・名古屋城などの公儀普請《こうぎふしん》（天下普請）の場合では、普請を担当したり石材を献上したりした大名によって石材の調達場所が相違したからであり、和歌山城の場合では普請した時期に差があったからである。

▲徳島城

◀和歌山城

▲田丸城天守台
変成岩の石垣

▲砂岩の石垣
(宇和島城天守台)

▲崩れ始めた砂岩の石垣
(和歌山城)

第五節　石垣の隅部

出隅の算木積と非算木積

石垣がほぼ直角に折れ曲る部位を隅部《すみぶ》（角部とも書く）という。その隅部が外側に突き出すものを出隅《ですみ》といい、逆に内側に折れ込むものを入隅《いりすみ》という。隅部のうち出隅は崩れやすく、また上に櫓や天守などが建てられることが多いので、特別な配慮がなされてきた重要部位である。特に断りがなければ、石垣の隅部とは出隅のことをいう。また、出隅の築き方によって石垣の築造年代の判定ができ、入隅の築き方からは石垣の築造順番が分かる。そこで、石垣の見方で重要な出隅について先に述べることにする。なお、隅部を隅角《すみかど》や隅角《ぐうかく》部ということもあるが、四角形の四隅を削り落とした隅切角《すみきりかく》の略語が隅角《すみかく》となるので紛らわしいため、避けた方が好ましい。そして隅部に積む石を隅石《すみいし》（角石とも書く）といい、隅部ではない石垣の部位を平《ひら》（または平部）といい、平に使われる築石は隅石と区別する時には平石《ひらいし》という。

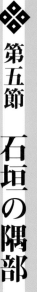

出隅においてまず注目していただきたいのが算木積《さんぎづみ》という隅部の築造技法である。隅石に長細い石（長辺が短辺の一・五倍以上）を選んで用い、隅石の長辺と短辺を左右交互に組み合わせて積み上げるものである。細長い石材の形状が算盤《そろばん》の伝来以前に計算に使われていた数え棒である算木に似ているので、算木積と呼ばれる。

算木積が進化発展しつくした元和（一六一五～二四）頃になると、隅石は数学でいう正四角柱にほぼ成形され（実際は後述するように稜線部がやや鈍角）、その底面と側面の一面ずつが石垣の隅部に見られる。したがって、隅石の短辺側は底面なのでほぼ正方形、長辺側は側面なので長方形になる。隅石を直方体に成形した場合では、一般的にその底面の長い辺を下面に使って（横使い）安定化を図り、短い辺を高さ方向に使う。算木積が未発達な場合や見識不足の石垣では、底面の長い辺を高さ方向に用いた（縦使い）、いわば欠陥算木積も見られる。

なお、本書でいう算木積の隅石の短辺とは、直方体の底面のうち下面に使われている辺をいう。元和以前の算木積では、完全な直方体ではなく、側面が細長い台形（すなわち尻が細い形）になることが多く、さらにはその尻が不整形や丸いもの（丸い石を割った割石）であることも珍しくはない。そうした場合では、隅石の角《かど》（稜線）を挟む二面において、長い方の面を長辺、短い面を短辺という。算木積の隅石を側面から見て、長辺側が長方形、短辺側が正方形に美しく成形されるようになったのは、慶長十五年（一六一〇）の名古屋城の公儀普請（天下普請）の頃であった。

天然の細長い石材はなかなか入手できなかったので、野面が主流だった関ヶ原以前に算木積が使われることは稀であった。関ヶ原以降になって打込接が主流となり、石切り場で長い石材の入手が容易になると算木積が急速に発展し、慶長十年（一六〇五）頃になると算木積が隅部の標準仕様となった。石垣の下から上まで整然とした算木積で、その長辺が短辺の二倍ほどだったら、概ね慶長十年以降のほぼ完成期の算木積としてよい。

それ以前の未完成期の算木積では、隅石の長辺が一・五倍程度しかなかったり、個々の隅石の高さが不揃いであったり、時折、算木積の長辺短辺が乱れたり、巨石を交えたりする。なお、年代が下降して十七世紀中期以降になると、算木積が退化して隅石の長辺が一・五倍程度のものが再出現するが、隅石の仕上げが丁寧なので未完成期のものとの区別は容易である。

▲完成期の算木積
（名古屋城本丸）

▲正四角柱（二条城本丸）

▲直方体縦使い（高松城本丸虎口）

▲不整形（名古屋城天守台）

▲丸い割石（福岡城本丸表門）

▲逆台形（岩村城追手門）

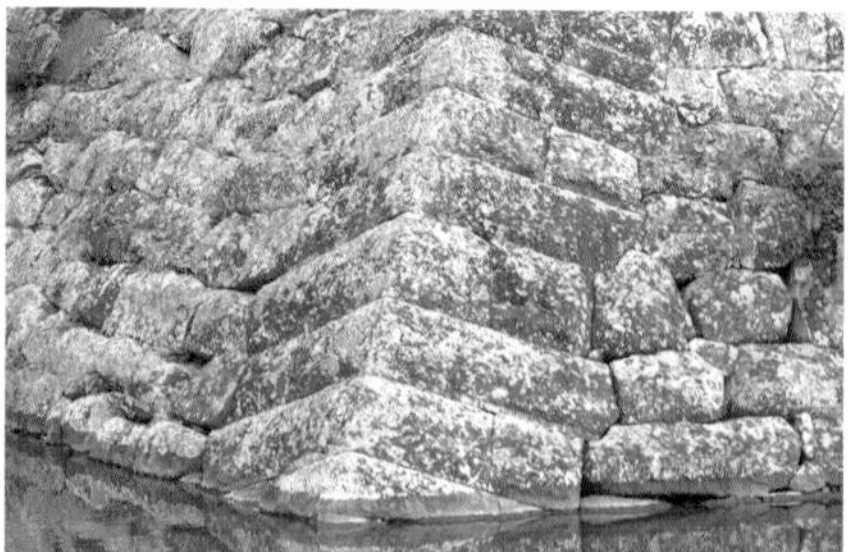

▲自由な切込接（高島城天守台）

算木積の隅石の様々な形状

算木積にならない古式な石垣は、熊本城・徳島城・竹田城（兵庫県）など主に西日本の各地の城で見られる。その隅部の築き方に対しては研究者の間で統一した呼称がないので、本書では筆者が以前より使ってきた「非算木積」と呼ぶことにする。

熊本城においては、築造時期が早い関ヶ原の戦い前の石垣は、反りが少ない非算木積である。城内の石垣を注意深く観察すると、関ヶ原後に突如として算木積が現れ、しばらくの試行錯誤を経て算木積が完成する過程をつぶさに知ることができる。また浜松城天守台は十六世紀末の創築であるが、当初の隅部が残る背面側では算木積がまだ発展途上であって、短辺が凹んで痩せた状態である。ところが、江戸時代に正面側の隅部が改築されて、野面なのに完成した算木積になっている。このように部位によって築造年代が相違することは珍しくなく、注意が必要である。

未完成期の算木積
▶隅石の大きさが不揃いで非算木積が混じる（福岡城天守台）
▲長辺が1.5倍ほどしかない（大和郡山城毘沙門曲輪）
▼長辺が短く、高さが不揃い（松坂城天守台）

算木積の普及

城郭石垣の隅部の構築自体は十六世紀中期頃に広まったようで、平たくて座りが良く、角が直角に近い石材を選んで構築された。もちろん非算木積である。その最初期の例である飯盛城《いいもり》（大阪府四条畷市）では隅部が残されているが、近世城郭の石垣の隅部と比べると、隅部の石材は極めて小さく、一人の力で持ち上げられる程度に過ぎない。その時期の石垣は、崖面において特に崩れやすい部分の土留めとして築かれたものが一般的で、したがって石垣の延長は短く、高さは三メートルほどしかなく、隅部の築造はほとんど必要がなかった。

十六世紀後期になると、鈍角や直角に折れ曲がる城壁が広まり、隅部の石垣築造が急激に普遍化した。鈍角で城壁の折れ曲がる隅部は特に鎬隅《しのぎすみ》と呼ばれる。鎬とは直角以外の角度をいい、普通は鈍角を指す。鎬隅では築石どうしが噛み合いにくく、無理をしてでも合端を作る必要があった。そこで、細長い石材を選んで交互に築き上げることが古くから行われ、算木積普及の原点となったと考えられる。天正四年（一五七六）

◀ 完成した算木積
▶ 未完成期の算木積
（浜松城天守台）

に築城が始まった安土城では、細長い石材を交互に組んだ鎬隅が見られる。

その一方、直角に折れ曲がる城壁では、細長い石材が容易には入手できなかったので、算木積の導入は部分的にしか行われず、初めのうちはほぼ非算木積だった。換言すれば細長い石材が入手できた場合にだけ算木積が行われたのであって、一つの隅部でも例えば下方だけに算木積が応用され、上方は非算木積だったり、算木積と非算木積が混在したりする。

算木積の最初期の例は十六世紀後期の観音寺城（滋賀県近江八幡市）に既に現れたが、その普及は遅々として進まなかった。文禄元年（一五九二）頃に築かれた肥前《ひぜん》名護屋《なごや》城（佐賀県）では、隅部が後の城割《しろわり》（城の破却）によって徹底して取り壊されているが、辛うじて残存する隅部には算木積が見られるので、この城の天下普請によって算木積が普及していったものと想像される。もちろんその当時は隅石の調達が難しかったため、隅石の大きさや形状にはばらつきが見られる。

年代が下降するにつれて次第に算木積が多く使われるようになっていき、慶長五年（一六〇〇）の関ヶ原の戦い後の築城盛況期になって算木積が急速に普及し始めた。慶長十年頃に算木積のほぼ完成期を迎えて、非算木積はほぼ使われなくなった。

なお、算木積では、隅石を成形するため加工の程度が平石より高くなる傾向が強い。平石が野面でも隅石は打込接、平石が打込接なら隅石は切込接とされることが多い。慶長後期からは、平石を打込接にして隅石を切込接とする事例がほぼ定石となった。もちろん平石が切込接なら隅石も必ず切込接となる。江戸城では、二代将軍秀忠による普請から平石を黒っぽい伊豆石の打込接とし、隅石を白い花崗岩の切込接とした石垣が各所で見られ、江戸城の石垣の特徴の一つとなっている。

▲最初期の隅部
（飯盛城）

▲算木積と非算木積の混用（岡崎城天守台）
上方は後世の積み替え、中ほどは発展途上の算木積、下方は非算木積

▲隅部を切込接とした打込接の石垣
（江戸城二の丸）

隅石の形状が不揃いな初期の算木積
▲観音寺城
▼肥前名護屋城

算木積の構造と強度

　算木積の場合は、隅石は細長く、その長辺と短辺を交互に向けて積み上げる。長辺で挟まれた短辺は、そのすぐ脇に短辺とほぼ同じ大きさの築石を入れる。これを隅脇石《すみわきいし》という。算木積では、少なくても隅脇石一個の半分ぐらいを長辺が挟み付ける（すなわち長辺は短辺の一・五倍以上）。長辺が特に長い場合では、隅脇石が二つ、稀に三つ入れられる。隅石と隅脇石以外の築石が平石である。算木積では、長辺で短辺と隅脇石を強固に挟み付けているので、それらの隅部の多数の石材が一体化して耐震性と耐久性に優れた構造体となる。

　非算木積では、隅石に短辺・長辺の長さの差がほとんどなく、ほぼ同じ大きさの隅石を積み上げた場合や、長さに差があっても交互に用いられていない場合がある。換言すると隅脇石がない隅部である。非算木積では、隅石と平石は構造的に完全に分離独立しており、上下に重なった隅石が大地震や大雨などの際に外側へ倒れ出るのを押さえ込むことができない。すなわち構造的に極めて弱体である。非算木積を少しでも強固にするために、隅石に巨大な石材を使うこともしばしば行われた。もちろん巨石は荘厳に見せるためにも使われている。

　非算木積では、隅石と平石の境で大きく縦に口を開いた隙間がしばしば見かけられるが、隅石だけが独立しているという構造的な欠陥から生じた隅部の変形（崩れ始めの状態）である。それに対して隅部を構成する築石の量が圧倒的に多くて互いに強固に噛み合っている算木積では、そうした隅部の変形が起こりにくい。隅部の強度や耐久性が飛躍的に増大するため算木

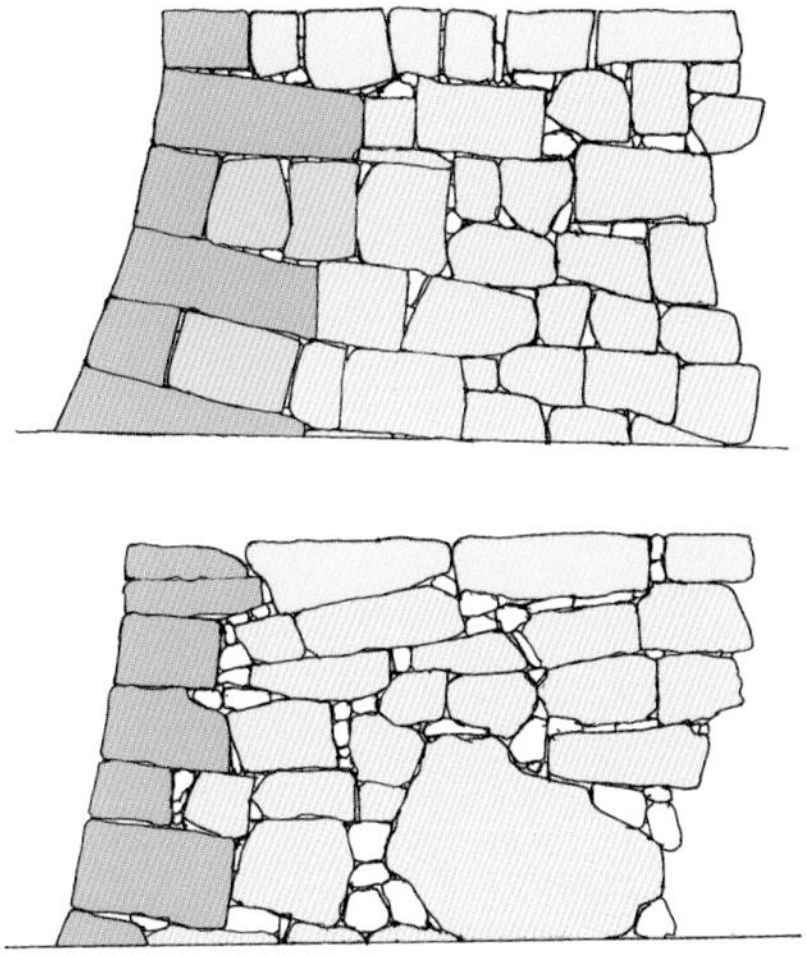

隅部の模式図
▲算木積
▼非算木積
■：隅石　▨：隅脇石
□：平石　□：天端石

▲ 1.5 倍（赤穂城二の丸）

▲ 2 ～ 3 倍（水口城二の丸）

▲ 2.5 倍（津城本丸）

▲ 3 倍（大坂城本丸） 隅石が巨大なので隅脇石は 2 段になる

▲ 1.5 ～ 3 倍（徳島城山麓居館）変成岩を使用したために不揃い

算木積の隅石の種々の長さ

積が普及したのである。

　ただし、強大な地震等によっては、算木積の隅部と平石との間に大きな亀裂を生じることもあるが、その場合でも隅部に限ってみればほとんど崩れないし変形もしない。それどころか、関東大震災で崩落した小田原城本丸石垣の算木積の隅石はまだ組み合わさった状態である。下方の石垣の崩壊によって崩れ落ちた丸亀城三の丸の高石垣では、算木積の隅部はそのままの状態を保って滑り落ちた。算木積の構造的強度の高さが知れよう。

算木積の退化

　慶長の築城盛況期に飛躍的な発展を遂げた算木積は、その後の元和・寛永期（一六一五〜四四）に最盛期を迎え、江戸城や徳川大坂城といった幕府の巨大城郭の石垣を担った。ところが十七世紀後期になると城普請が激減し、算木積においても退化する傾向が見られる。

　算木積の退化とは、隅石の長辺が次第に短くなり、短辺の一・五倍かそれ以下になることをいう。もちろ

▲非算木積
（熊本城古城）　隅石はほぼ同じ長さ

▲隅部に使われた巨石（姫路城菱の門東方）
上部は近代の積み直し

ん、構造的な強度は低下する。辛うじて算木積の体をなしているぐらいのものも現れた。算木積の草創期に見られたような長辺と短辺の長さの差が小さいものへと退化するが、草創期では一般的に隅部は打込接か野面であるのに対し、退化期では切込接あるいは隙間の小さい打込接である。隅石の尻も最盛期では四角く成形されたが、退化期では尖った形などを交えて遊び心が加わっている。したがって、算木積の草創期と退化期の区別は容易である。

鎬隅

　鈍角に石垣が屈曲する部位を鎬隅という。高台の地形の周囲を折れ線状に削って切岸《きりぎし》を造り、その切岸の表面に石垣を築くと鎬隅が連続する城壁になる。折れ線状に削るのは、石垣の延長を最短にし、同時に郭内の面積を最大にすることができるからで、信長が天正四年に築き始めた安土城や秀吉が築いた姫路城内郭や豊臣大坂城といった天正期の古い石垣には多用されている。平城の場合では、切岸を造ることはなく、堀や城壁は直角に折れ曲がるので、鎬隅はほとんど用いら

◀変形した非算木積（広島城本丸中御門枡形）
▶隅部と平部の間で変形した算木積（福井城本丸）
▲滑り落ちた算木積（丸亀城三の丸）

れない。

慶長五年の関ヶ原の戦い以降になると、山城や平山城であっても、直角の出隅・入隅で石垣を築くのが一般的となり、鎬隅の構築例が急速に減少した。その時期で鎬隅を多用した例は、加藤嘉明の松山城本丸ぐらいである。江戸時代に築かれた鎬隅の石垣の多くは、安土桃山時代の創築石垣が崩れたために築き直されたものである。

鎬隅においては、その折れ曲がりの稜線のところで左右が別石となる。その部位に通常の平石を用いると、築石どうしが大きく離れて稜線部で縦に大きく口が開く。その左右で築石どうしが完全に分離して立ち上がるため、極めて脆弱な構造となる。その石垣の上部に重い櫓を建てるのは心もとなく、地震や大雨に際して崩れやすい。そこで鎬隅に対処するため、二種の工法が開発された。

その一つは、長い石材を鎬隅の左右に交互に用いる

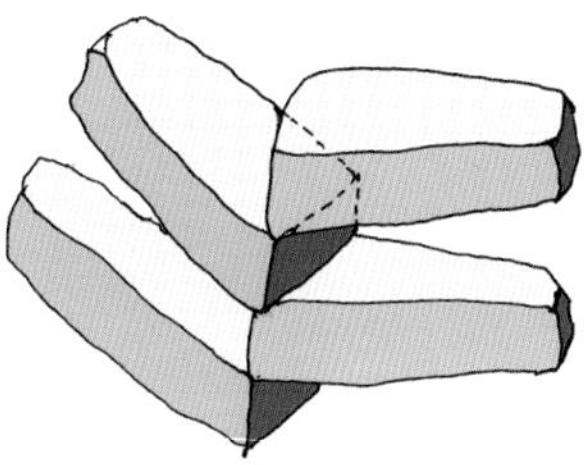
▲鎬隅の模式図

▲隅石が噛み合わない異例の鎬隅（洲本城）

▲退化期の算木積（津山城本丸表鉄門）

工法で、後の算木積の元祖となるものであって、早くも安土城天主台において応用されている。石垣の表面においては、交互に入れられた長い石材は全く噛み合っていないことが多く、不安定に見える。しかし、石垣の奥の方で左右の築石がしっかりと噛み合わされているので、構造的には強固である。

鎬隅の築造年代が元和期より新しくなると、鎬隅の屈曲の角度に合わせて隅石を「へ」の字形（左右で長さが相違する）に成形し、その隅石を算木積のように長辺と短辺を交互に向けて積み上げる。鎬形に隅石を完全成形するため手間が掛る上に、長辺をあまり長くできず、したがって崩れやすい。

もう一つの工法は、鎬隅が生じるところで一旦短い直角の出隅を築き、隅石だけを据えて直ちに鈍角の入隅を続けるものである。その出隅が細かい屏風折《びょうぶおり》のような形態となるが、軍学上の屏風折は横矢掛《よこやがか》りのため少なくとも狭間《さま》一つ分の長さ（五尺以上）があるが、鎬隅の代替の場合は狭間が切れない短い屈曲となる。その出隅は非算木積とすればよく、鎬隅用に長い石材を難儀して調達する必要がなくなる。野面が一般的だった天正期の近江八幡城（滋賀県）など古い時代に

▲古い鎬隅
（徳島城東二の丸）

▲新しい鎬隅
（松山城登り石垣）

おいては、合理的な対処方法であった。このような工法は別の見方をすれば、鎬隅を回避したものである。なお、築城年代が元和五年（一六一九）と新しい明石《あかし》城（兵庫県）本丸北面でも、地形上の制約から石垣が鈍角に屈曲することになったため、短い屏風折が設けられている。

入隅

石垣が内側に折れ込む入隅では、出隅と比べて構造的に崩れにくいので、築造においての配慮は少ない。それでも出隅の算木積が一般化すると、入隅では算木積を逆に向けたような築き方が一般化した。入隅において築石を左右交互に差し込んで、互いに組み合わせるものである。これによって入隅を構成する二面の石垣が強固に結合される。ただし、出隅ほどの配慮は必要ないので、入隅の隅石は平石とほとんど変わらない形状の石材が用いられている。

その一方、既存の石垣面に直交させて新たに石垣を増築したために生じた入隅においては、増築された石垣の築石は総て既存石垣面に突き当てて置かれる。そ

短い屏風折
◀明石城本丸　▶近江八幡城本丸

れによって石垣の増築が判定できる。築城過程を考究する上で重要な指標となるので、入隅の観察は重要である。例えば肥前名護屋城（佐賀県唐津市）本丸では、文禄の役で築造された石垣に対して慶長の役での増築がなされているが、それによってできた入隅で明瞭にその状況が確認できる。

特殊な入隅の工法として、幕末の文久三年（一八六三）に築城された石田城（福江城、長崎県）の石垣が注目される。通常は出隅に用いられる切込接が入隅にも用いられており、史上で最も丁寧な入隅である。

▲入隅における築石の交互差し込み
（松山城二の丸）

▲切込接の入隅
（石田城）

▲増築された入隅
（肥前名護屋城本丸）

第二章

石垣の詳細

第一節　矢穴

矢穴の残る石材

打込接と切込接の石垣では、石材の角に葉書の半分ぐらいの大きさで、浅い台形の彫り込みが残る築石が多数見られる。林檎を齧った時にできる歯形に似た彫り込みが築石の角に並んだもので、矢穴《やあな》である。矢穴とは、石材を的確な大きさや形に割るために、断続的に彫り込まれた角穴で、いわば切取り線である。一列に並べて彫り込んだ矢穴に沿って石材が割られるので、築石に残る矢穴は左右に縦に割れた矢穴の断面が見えているのであって、本来の全うな形の矢穴ではない。厳密には矢穴跡または矢穴痕と呼ぶべきであろう（本書では解説のために矢穴と矢穴跡を区別して記すが、特に区別の必要がない時は纏めて矢穴と記す）。

矢穴跡は、一つの石材の少なくとも一面に、多い場合は三面や四面に残されている。石垣の表面すなわち

▲矢穴跡と矢穴
（岡山城西の丸）

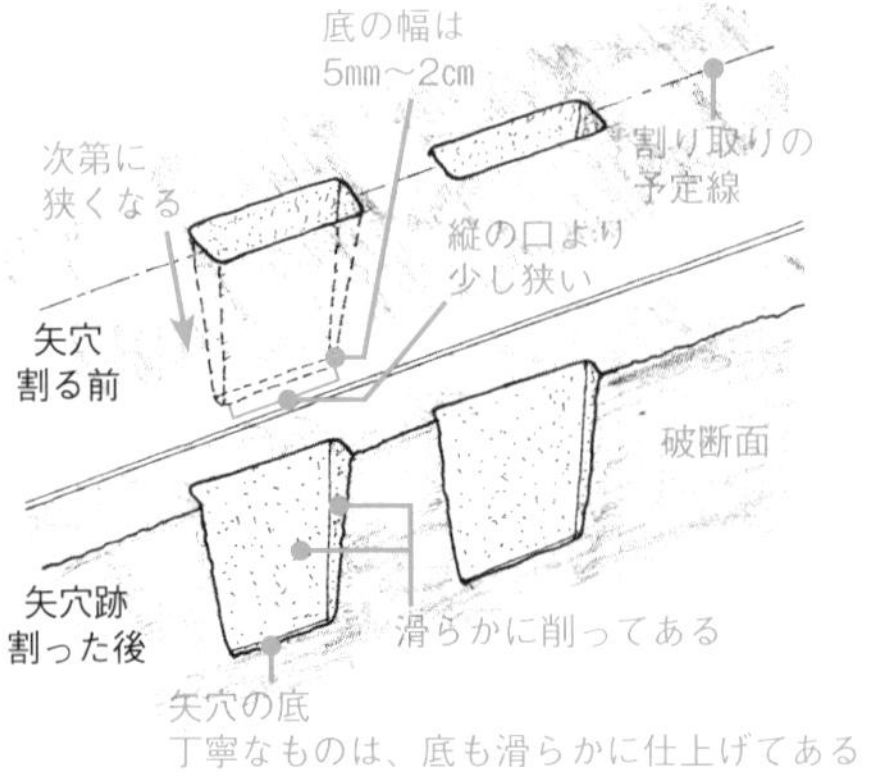

▲矢穴と矢穴跡の模式図

築石の面に矢穴跡が見られなくても、隠れて見えない築石の胴には矢穴跡が残っているはずである。石垣が崩れて放置された築石を見ると、胴の複数面に矢穴が開けられていたことが分かる。切込接の隅石では、割り取った後で成形と表面加工が徹底的になされるので、表面には矢穴跡が残らないのが一般的である。なお、本来の野面の石垣には割石や樵石は使われないので、矢穴は存在しない。もちろん野石に少しだけ割石を混入した野面の石垣も少なくはない。

石材を割る時には、矢（矢鉄《やがね》ともいう）と呼ばれる長さ一〇センチメートルほどの鉄製の楔《くさび》を矢穴に大槌で打ち込んで、左右に引き裂くのである。石材が矢穴の位置で割れると、矢は脱落するので回収される。その矢が途中で折損してしまい、矢の先の半分が穴の中に残ったままの築石が肥前名護屋城で見つかっている。

矢穴に折れ残った矢
▲肥前名護屋城
▼矢の幅は矢穴の縦より短く、矢穴の上下に隙間がある

複数面に彫られた矢穴跡
▲伏見城
▼津城本丸（四面に矢穴跡が見える珍しい例）

また、矢穴を彫ったものの、それを使わずに他の部位で割られてしまうことも少なくなかった。石材の割り取りの計画変更である。時には一部の矢穴から外れた位置で割れてしまう失敗作もあった。そうした未使用の矢穴は、全国各地の城で見られる。築石の面であっても未使用の矢穴を臆面もなく見せつけており、未使用の矢穴を見られることは当時、不手際とは思われていなかった。江戸城天守台の見事な切込接の石垣でさえ未使用の矢穴が堂々と見せられている。

▲未使用の矢穴
（江戸城天守台）

▲矢穴からずれて割れた築石
（福岡城上の橋門）

矢穴の大きさと形状

矢穴の形状は、石材の表面に彫られた未使用の状態では細長い長方形であり、特に多くの石垣が築造された慶長期（一五九六～一六一五）では縦四寸（一寸は約三センチメートル）、少数派は五寸、横一寸～二寸の例が多い。佐賀城や徳島城では縦六寸の超巨大矢穴が見られ、杵築《きづき》城（大分県）の御殿跡や伊賀上野城本丸台所門などの礎石にも六寸幅の矢穴跡がある。徳島城では固くて割りにくい変成岩のために大きな矢穴が使われたようで、佐賀城の場合は担当した石工の個性と考えられる。

年代が下降すると矢穴の縦の長さが小さくなる傾向が強く、元和・寛永期（一六一五～四四）に縮小を始め、概ね十七世紀後期以降は二寸程度に縮小する。小さな矢穴でも石材を正確に割ることができるようになったからで、技術の進歩である。一方、矢穴の横幅は矢の太さに規定されるので、年代が下降しても縮小せず、拡大する傾向すらある。

なお、乗岡実氏の研究によると、矢穴の縦の長さについてはばらつきが大きく、関ヶ原の戦い以前の例では、肥前名護屋城で二寸から五寸、相方《さがた》城（広島県福山市）で三寸から四寸、関ヶ原の戦いの前後を含む三原城（広島県）天守台で三寸から四寸であって、寸法だけによって年代を安易に判定することはできない。一つの築石に並べて穿たれた一連の矢穴であってすら、縦の長さにばらつきが見られる例は少なくなく、乗岡実氏の研究は当を得ている。

矢穴どうしの間隔は一寸のものが多いが、ほとんどくっついているようなものから二寸以上開けている例もある。年代が下降すると、技術が向上したため間隔が広くなる傾向が強く見られる。ただし、大きな石材を割る場合には、間隔が狭い傾向がある。

矢穴の深さについては、関ヶ原の戦い以前では矢穴の口の縦の長さの半分ほどしかない浅い例が少なくない。関ヶ原以降の慶長築城盛況期（一六〇〇～一五年）には次第に深くなる傾向があり、概ね縦の長さと深さが同じになる。

ただし、宇和島城（愛媛県）に使われている砂岩のように、きれいに割れにくく、柔らかくて矢穴を彫りやすい場合は、年代が下降しても矢穴は小さくならない。また、年代が天明三年（一七八三）頃と極めて新しい拳母《ころも》城（七州城、愛知県豊田市）のように、技術的に未熟な場合では、矢穴がかえって巨大化しており、通常の二倍を超える深い彫り込みがなされている。

矢穴の形状については、矢穴跡（割れ口）で見た場合に、特に古いものでは底の両角が円いものが多く、関ヶ原以降では逆台形または逆台形の底の頂点が少しだけ円くなった角円《すみまる》の逆台形に一般化する。もちろん関ヶ原以降になっても古式な例（福岡城上の橋門など）も残存しており、形状だけからでは築造年代の断定は不可能であるとしか言えない。一連の矢穴であっても隣りあう矢穴の形状に大きな違いがある例が時折見かけられるので、矢穴の形状だけでは築造年代の断定はできず、あくまでも年代によって変化していく傾向として捉えるべきである。野外での手仕事による産物である以上、作製者ごとの個性、同一人であってもその時の気分の違いや作製誤差などによって、形状や大きさに違いができてしまうのはむしろ当然のことである。

また、実例は少ないが、矢穴の横幅を広くとって途中まで彫り、そこから下方は横幅を狭めて彫る、いわば二段彫りの矢穴もある。矢が矢穴の側壁に当たる部位を正確に彫るため、あるいは矢穴の内部の向きを正確に調整するための工夫であろう。二段目の矢穴の口元が矢の当たる部位（石割りの原理の項で詳述する）として彫られた可能性もあり、その場合なら極めて合理的であると言える。

なお、石切り場で大まかに石材を割り出す場合（大割り）と、大きく割り取られた石材を実際に使用する大きさに小割りにする場合では、矢穴の大きさを変えるはずである。一つの石材に大小異なる矢穴の列が見られることがあるのは、そうした事情による。ただし、大きな古い石材を後世になって小割りにして使用した例もあって、安易には判断できない。小割りに使われた矢穴と断定できるものには、天然の丸い石（野石）を割ったもので、一つの丸石を二分割した割石や丸石の表面を落として面を付けた場合がある。

▲浅くて底が円い特に古い形状と少しだけ円い角円のもの、角張るものが混在し、矢穴どうしがくっつく（福岡城上の橋門）

▲逆台形と長方形の矢穴が混在し、矢穴の口の縦長さのばらつきも大きい（松坂城）

▲逆台形の角円、角張った逆台形、長方形が混在し、縦長さ・深さ・間隔のばらつきも大きい（高鍋城（宮崎県）本丸）

矢穴跡の形状のばらつき

▲小さい矢穴（福山城二の丸）

▲標準的な矢穴（名古屋城本丸）

▲大小二種の混合（小倉城）
下の隅石の矢穴は縦長さ五寸と巨大だが、上の隅石の矢穴は縦も深さもその半分しかない、石材の種類は全く同じなので同時期に彫られたものである

▲巨大な矢穴（佐賀城本丸）

矢穴の大小

▲柔らかい石材の大きな矢穴
（宇和島城本丸）

▲大小二種の矢穴をもつ石材（伊賀上野城小天守台）
大きい矢穴は大割り、小さい矢穴（彫りかけ）は小割り

矢穴の内部

矢穴は石材の奥に彫り込まれるにつれて少しずつ小さな断面となっていく。そのため割られた部位に見られる矢穴跡は逆台形になっている。矢穴跡に直交して、すなわち矢穴を横断して見た断面は、細長い二等辺三角形をなす。滅多に見つからない事例ではあるが、矢穴を横断する位置で割られた築石がある（津和野城・竹田城・三原城など）ので、そうしたところで確認するとよい。しかし、その三角形の頂点すなわち矢穴の底は鋭く尖ってはおらず、一センチメートル程度の幅をもっている。丁寧な例では、その底を丸く滑らかに仕上げている。

矢穴の底が尖っていないことについては、尖った矢穴を彫るのは技術的に困難なことであり、また底に溜まった石屑を出しにくいからである。そして、第一の理由は、矢穴の底どうしを結んだ線が一直線になっていないと、矢穴に沿って正確に割る（矢穴の底どうしを結んだ直線で石材にひび割れを生じさせる）ことができないからだ。矢穴の底に幅をもたせておけば、彫っ

▲著しく深い矢穴
（挙母城本丸）

▲丸石を割ろうとした矢穴
（肥前名護屋城）

▲二段彫りの矢穴
（福岡城東門付近）

▲竹田城

▲津和野城

▲三原城舟入

矢穴の断面

▲津和野城（拡大）

▲先鑿の突き疵を残す矢穴（洲本城）

矢穴の内部

▲平滑な矢穴（名古屋城本丸）

ていくうちに矢穴の向きを微調整して一直線に向くようにできるからであろう。

また、矢穴の側壁は多くの例で凹凸なく平滑に仕上げられており、矢を打ち込んだ際に矢の側面が引っ掛からないように配慮されている。この仕上げは極めて重要であって、矢が側壁の凹凸に引っ掛かると、石材を割る力がその凸部を破壊する力になったり、力の分力の方向が歪んで効率が悪くなったりする。この大切な分力については次項で述べる。なお、矢穴の側壁を滑らかに仕上げず、先の尖った先鑿《さきのみ》で穴を穿った際の疵を残す矢穴もわずかに見られる。

矢穴による石割りの原理

矢穴に打ち込む矢は短い刃先をやや尖らせた鉄の楔なので、その刃先を矢穴の底に突き立てて石材を割るものと誤解されがちである。しかし、矢の刃先は矢穴より鈍角なので、矢穴の両側壁に矢が途中で当たって止まり、矢穴の底には矢の刃先は絶対に届かない。もし矢の刃先が底に届いてしまったら、石材は決して割れない。矢が側壁と当たる位置は、矢の厚みが矢穴の幅と等しくなるところであって、矢の側面が刃先に向って細くなり始める部分である。したがって矢の刃先は鋭く尖っている必要がなく、ただ途中から細くなっていればよいのである。

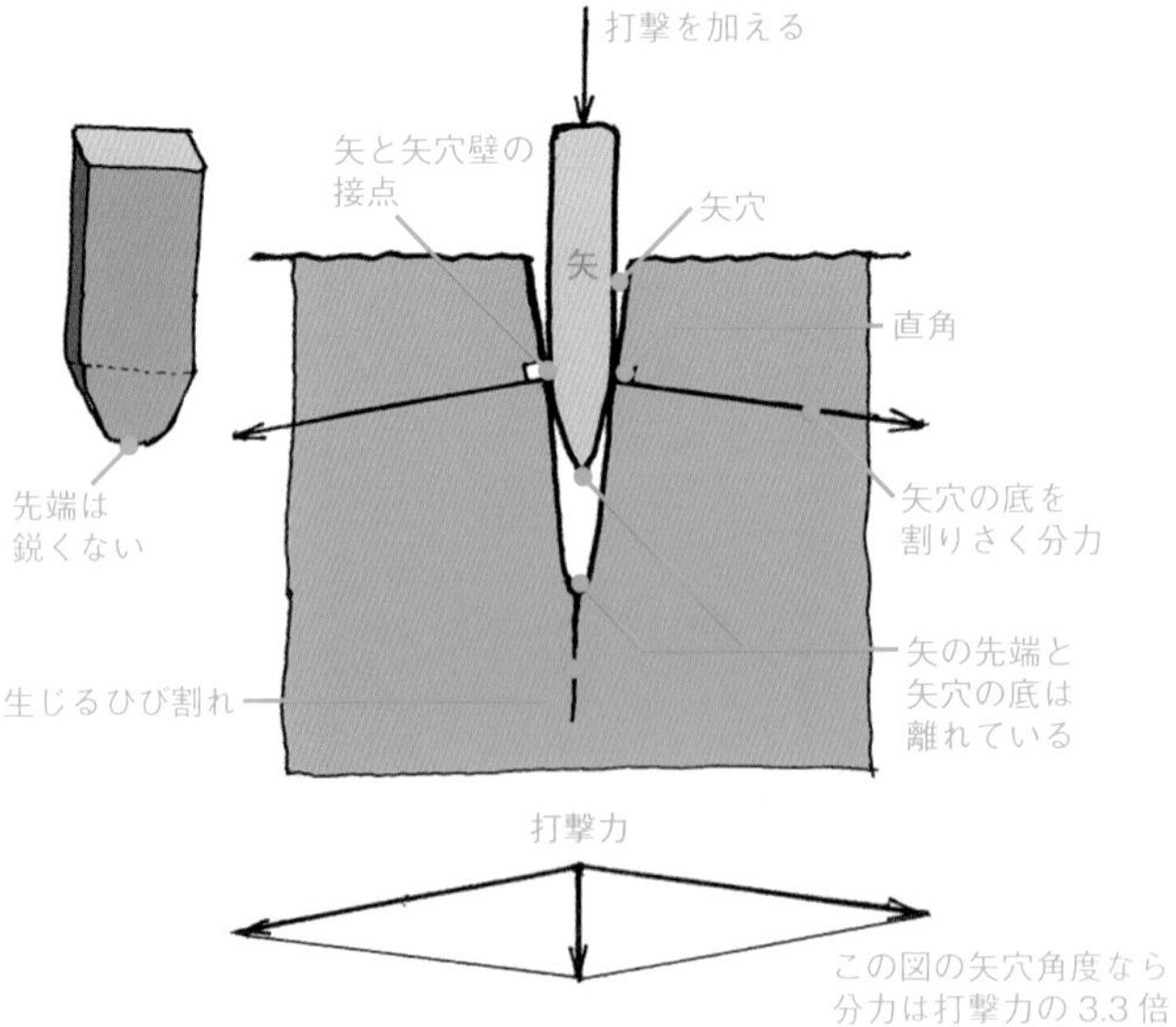

▲矢穴による力の分解の模式図

矢によって石材を割る原理は、物理学における力の分解（数学のベクトル）である。矢の頭に垂直方向に加えた大槌の強力な打撃力は、矢穴の側壁に対して直角方向に加わる二つの分力に分解されて、側壁を押し広げる垂直抗力となる。矢穴の側壁の角度が矢の進む方向に対して極めて緩いため、その分力は極めて強大となる。角度が緩くなればなるほど分力は飛躍的に増大する。矢穴の側壁の角度（矢穴の頂角）は一五〜二五度ほどなので、分力は加えた力の四〜一一・五倍にもなる。この強大な力によって矢穴の底が左右に引き広げられ、ひび割れが生じて、石材が割れる。

この時に矢穴列の底が正確に一直線に並んでいれば、ひび割れどうしが一本に繋がって見事に割れる。よって矢穴は正確に彫らねばならない。

なお、矢穴の頂角が大きくなると、分力が小さくなり、例えば頂角が四五度の場合では分力はわずか一・二倍にしかならず、それでは石は割れない。頂角が極めて小さくなれば分力は飛躍的に大きくなり、矢穴の側壁が平行すなわち頂角〇度で分力は理論的に無限大になるが、それでは矢が側壁に止まらないので、実行できない。

また、矢穴の側壁に矢が当たって止まる部位の深さについては、石材が十分に頑強であれば、矢の口元に近い方がモーメント（底までの長さと分力との積）により効果的ではある。しかし、口元では矢穴の側壁が欠けてしまって分力を正しく伝達できないので、側壁が欠けないような十分な深さが必要である。矢穴自体の深さについては、矢が当たって止まる部位より下方の部分が長いと、モーメントが大きくなるので効果的である。したがって、矢穴は深く、矢の当たる部位は浅い位置であると効果的である。

巨岩の分割

矢穴による石材の分割は、石垣の構築現場での小割りだけでなく、石切り場において巨岩から石材の塊を切り出す大割りにも使われた。石切り場は築城地より遠く離れた例があり、伊豆半島から江戸城へ、瀬戸内の小豆島から大坂城へ石材が運ばれたことは有名である。大坂城本丸に使われている巨石には、巨岩から切り出す時に使われたと考えられる矢穴の列が見られる。

▲巨岩を割り取った矢穴跡
（苗木城）

▶巨石に残る矢穴跡
（大坂城本丸桜門）

▲萩城

▲米子城

▲萩城
城内の巨岩に見られる矢穴

▲岩国城

山城や平山城の場合では、城内に曲輪を造成した際に巨岩が露頭することがあり、当然、石切り場として重宝された。萩城（山口県）の本丸背後の要害《ようがい》（詰丸）、岩国城（同）山中の護館神石切場、米子城《よなご》（鳥取県）本丸四階櫓下の虎口などに、露頭した巨岩に矢穴の列が残っている。米子城の巨岩に残る矢穴は、稚拙なものが混じるので、矢穴彫りの練習台だった可能性も否定できない。ただし、それらは矢穴を彫っただけで、矢の打込はなされておらず、割り取りを挫折したものである。それに対して、苗木城《なえぎ》（岐阜県中津川市）では城内の巨岩に矢穴によって割り取られた割れ口が残る。

また、大きな岩石に矢穴を彫る際には、石の目（石材の結晶の偏り）を見つけ出してそこに彫るものだと言われている。しかし、そのような石材の割り方をすると、規格した寸法での切り出しができなくなるので、普遍的に行われたとは考えにくい。むしろ天然のひび割れに沿って矢穴を彫ることがあったと言うべきであろう。名古屋城築城の際の残念石（未使用の石材）には、割り取りのために彫られた未使用の矢穴の列が残るものがあるが、天然のひび割れに沿っている。同様に、徳島城の山麓居館の鏡石には疎らで蛇行する未使用の矢穴列が残っているが、明らかに天然のひび割れに沿って彫られたものである。

ひび割れに沿った矢穴の列
▲名古屋城の残念石
▼徳島城山麓居館の鏡石

▲基準線・輪郭線・輪郭深彫り・浅い彫り込み（福岡城）

◀ 基準線・輪郭線・浅い彫り込み・深彫り（米子城枡形）

▲基準線・深彫り（高鍋城本丸）

▲輪郭線・深彫り（肥前名護屋城）

▲輪郭深彫り・深彫り（名古屋本丸）

彫りかけの矢穴

矢穴の彫り方

矢穴の彫り方を知るには、築石に残る未使用の矢穴を探せばよい。それらのうちには稀に矢穴自体の彫りかけのものがあり、その彫り方を詳細に知ることができる。彫り方は次のようになる。

　㋐矢穴の列を並べる基準線を引く、または浅い溝を彫る。㋑基準線（または浅い溝）にしたがって矢穴の長方形の輪郭線を浅く引く。㋒輪郭線を深く彫り込む、または輪郭線の内側を片方の端から浅く彫りこんでいく。㋓浅い彫り込みができたら、また端から深く彫り込んでいく。㋔矢穴の側壁と底を滑らかに仕上げる。

　また、並んだ矢穴の列を一つずつ順に彫り込んで仕上げる例と、複数の矢穴において㋑から㋓までの工程を気ままに混ぜて同時進行で行う例がある。石工の気分や個性によるのであろう。㋐では、鑿（先の尖った先鑿）で引いた細い刻線が残る例は少なく、基準線の残存例が少ないことから、墨で引いた線が多かったようで、それが風雨で消えてしまったらしい。基準線が省略されることも珍しくはなかったようで、矢穴列が一直線に並ばずに入り乱れたものはそうした省略例と考えられる。

　また、少数派であるが、矢穴の横幅（時には横幅を超える広い幅）で浅い溝（矢《や》場《ば》取《と》りともいう）を彫り、その溝の中に矢穴を並べて彫るものがある。浅い溝を彫る理由は、風化して脆くなった岩石表層を削り落とすため、あるいはひどい凹凸をある程度均すためだったことも考えられる。

　矢穴を彫る工具は近代まで使われていた例からする

浅い溝の中に彫られた矢穴
▲肥前名護屋城
▼米子城天守礎石

と、柄と刃先が一体化した鋼鉄製の鑿《のみ》（大工用の鑿は柄が木製）と胴張がある六角柱の頭のセットウという金槌（大工用の金槌は頭が円柱の玄能《げんのう》）であって、鑿をセットウで叩いて彫り込む。鑿は彫る場面に応じて刃先の異なる数種類を使い分ける。先端が尖った先鑿で矢穴の輪郭を彫り、先が開いた鉄砲鑿《てっぽうのみ》をねじ回しながら深く彫り進み（深い穴では水を加える）、矢穴の側壁の仕上げには先端が平たい鉄火鏨《てっかのみ》が使われたと考えられる。鉄火鏨は刃先の幅により一番から三番に分かれる。矢穴の底を丸く滑らかに仕上げた工具は先端が丸い底突鑿《そこつきのみ》が想定されるが、尖った鑿で突いたような細かく尖った凹凸が底に残る矢穴も少なくない。なお、慶長の築城盛況期における石工の鑿については、近代の鑿と形状に相違があっても不思議ではない。

矢穴以前の石割り

石仏や板碑など仏教関係の石造物には、鎌倉時代に遡る矢穴が見つかっている。城郭や居館の石垣における矢穴の出現も古くまで遡るとされ、例えば慈照寺（京都市）の旧境内で発掘された室町時代後期の石垣に矢穴が確認されている。また、観音寺城（滋賀県）に残る石垣には、矢穴が散見される。観音寺城の石垣は、遅くとも弘治二年（一五五六）頃から築かれ始め、永禄十一年（一五六八）に信長に攻められて開城しているので、その時期までの石垣とされている。ただ、信長以降になっても石垣が築造され続けた可能性はむしろ高く、したがって観音寺城において矢穴のある石垣は年代が天正以降に下降するものとも考えられるが、城郭における最初期の矢穴をもつ石垣の一例ではある。後の石垣と比べて、矢穴の数が少ない。

さて、矢穴が普及する前では、岩石に走る天然の節理を利用して割り取られていた。節理によるわずかなひび割れに金梃《かなてこ》の先端を差し込んで、梃の原理でひび割れを広げて割る。矢穴はないが、

▲初期の矢穴
（観音寺城）

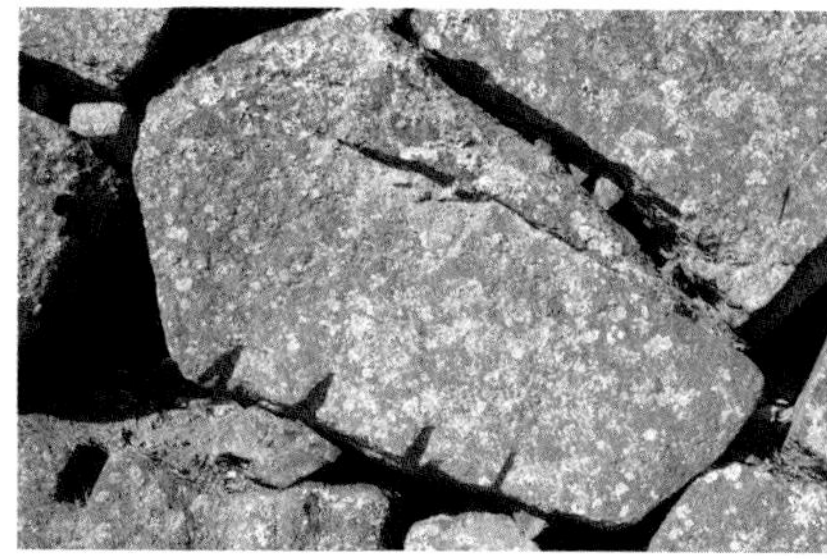

▶金梃による割り取り穴が残る鏡石
（徳島城西二の丸帳櫓台）
▲金梃による割り取り穴跡が並ぶ築石
（三原城舟入）
◀金梃による割り取り穴が残る築石
（村上城本丸）

▶ 節理でひび割れた岩石
（御所ヶ谷神籠石）

節理を利用した石材の割り取り穴
◀ マチュピチュ
▶ マチュピチュ（詳細）

金梃を差し込んだ小さな疵（幅三センチメートル以下、深さは一～三センチメートルほど）が石材の割れ口の端に並んでいるが、疵は浅く、よほど注意深く観察しないと見つからない。割り取られて残った岩盤のほうが疵を見つけやすい。天正期（一五七三～九二）の吉川元春館跡（広島県北広島町）の正面に築かれた壮大な石垣には、花崗岩の節理を利用した石材が混入しており、それを採取したと考えられる岩盤が館の土居の麓に残っている。岩石の端に金梃を差し込んだような小さな疵が見られる。

同じ頃に築かれた徳島城の本丸や二の丸の石垣の巨石（鏡石など）には、天然のひび割れに金梃を差し込んで割ろうとした痕跡が残っている。徳島城では、ひび割れが生じやすい変成岩が使われているので、矢穴以前の古い割り方が行われていたようだ。

天正十六～十八年に築かれたと考えられる広島城天守台では、丸みのある野石（海岸で採取）および節理で割れた花崗岩が使われているが、矢穴は一つだけしか見当たらない。注意深く観察すると、節理で割り取られた築石には、金梃で人為的に割ったと考えられる疵が残っているものが多数含まれる。したがって、この天守台の築石は、矢穴ではなく、節理によるひび割れを金梃で押し広げて割り取られたものが多くを占めると考えられる。

関ヶ原の戦い以降に福島正則が築いた三原城（広島県）の舟入の石垣にも、矢穴ではなく、金梃を差し込んで割ったと考えられる小さくて深い小穴跡が並んで見られる。山形城二の丸西門、宇和島城本丸腰曲輪などでも見られる。ひび割れが生じやすい岩石を多用している村上城（新潟県）本丸では、ひび割れに沿って金梃用と考えられる小穴を穿ったままの築石が見られる。したがって、矢穴を彫らずに金梃で割られた築石は、想像以上に多かったと考えられ、特にひび割れが生じやすい変成岩・安山岩・凝灰岩・砂岩などでは広く行われていたと考えられる。

また、御所ヶ谷神籠石（福岡県行橋市・みやこ町）など、古代の朝鮮式山城に残る石垣の石材にも四角く割れたものが多く見られ、節理の利用が想定される。さらにインカ帝国のマチュピチュ（ペルー）においても、巨岩の節理に刻まれた金梃（ただし銅製あるいは堅木の楔）を差し込むための小穴が見られ、世界共通の工法であったようだ。

矢穴と紛らわしい貫穴

矢穴とほぼ同じ形状の長方形の穴が城門脇の石垣にあった場合は、未使用の矢穴ではなく、土塀の貫穴《ぬきあな》の可能性がある。土塀の多くは木造の柱を五尺（一・五メートル）間隔に立て並べ、貫という横材を通して柱を固定する。城門脇などで土塀が石垣に突き当たるところでは、その貫は石垣に彫られた穴、すなわち貫穴に差し込まれて、土塀が前後にずれるのを防いでいた。貫穴と矢穴はほぼ同大の長方形であって、石垣表面での形状からは区別できない。両者の違いは、穴の内部の形状にあって、矢穴は底に向って斜めに狭くなっていくが、貫穴は同じ大きさで垂直に彫り込まれる。

貫は二段や三段に通されているので、貫穴は縦に二、三個並ぶことがある。また、土塀の屋根の中央に通る棟木や屋根の軒先を支える出桁《だしげた》の先端も、石垣に穴を彫って差し込んで固定した例が見られる。

また、矢穴と見間違えることはないが、千切《ちぎり》（蝶ネクタイ形の金具）を入れる穴がある。天端石を切込接にした場合に、ずれないように天端石どうしを連結するためのもので、隣り合う天端石に逆台形の穴を彫り、

▶ 節理に加えた金梃穴
（広島城天守台）

◀ 金梃で割られた痕跡
（同）

そこに鉄製の千切を埋め込む。四角い鉄片を入れて熔かした鉛で封印する厳重な例もあった。なお、算木積の隅石と隅脇石の総てを千切で繋ぐこともあるが、解体しないと確認できない。

▲貫穴
（会津若松城廊下橋）

▲千切穴
（松坂城（三重県））

第二章 石垣の詳細

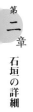

第二節　石材の表面加工

表面仕上げの種類

築石の面は、野面なら自然の野石のまま、打込接なら割り取られたままの割り肌が多い。切込接の場合でも割り肌のままの例がある。その一方、築石の表面を平滑に削る化粧を施した例も少なくない。化粧の目的は、面の凹凸をなくして敵が登りにくくすることと見栄えを美しくすることで、後者の方が重視されていたと考えられる。面の凹凸で出っ張ったところは瘤《こぶ》と呼ばれる。大きな瘤を打ち欠くのは化粧以前の問題といえるが、とりあえず本項に加えておく。大瘤を取り除いた後に、さらに小さい瘤を取り去って平らに均すことをこの業界では瘤取りや瘤落しと呼ばれ、石垣の表面仕上げである。

築石の面を仕上げるには、㋐玄翁《げんのう》（石工用の大き目の金槌）で出っ張ったところを払い落し（叩《たた》き落し）、大きな凸部をなくす、㋑鑿《のみ》で面全体を粗く打ち欠いて

▲全面を丁寧に仕上げられた石垣（江戸城天守台）
万治２年（1659）

▲表面仕上げの早例（広島城東小天守台）
細かい簾と鑿打ち、天正 18 年（1590）頃

大まかに平らに均す、㋒鑿で万遍なく細かく打ち欠いて完全に平滑に仕上げる、㋓鑿で直線状の浅い溝を縦に等間隔に並べて彫ることによってほぼ平らに仕上げる、㋔面の盛り上がったところだけに鑿で溝を並べて彫って面全体を平らにする（溝が不等間隔だったり歪んだりし、斜めに彫ることが少なくない）、㋕斜めに細い刻線を綿密に並べて芸術的に仕上げる、以上のような工法がなされている。

㋐の工法は玄能払《げんのうばら》いといい、それによる仕上げを払い落しという。石の面にある大瘤（大きな出っ張り）を大工用の玄翁よりはるかに大きい石工用の玄能で払い落すもので、表面加工の第一段階である。玄能の頭の片方が尖った框《かまち》も使われたようで、尖った頭は石の表面を打ち欠くには都合が良い。玄能払いは玄能による打ち欠き仕上げであって、普遍的に行われていたはずであるが、石材の質によっては施工後に年月が経つと打ち欠かれた割り肌が風化して判別が難しくなる。野面や打込接で多用された。瘤取りを丁寧に仕上げる場合は、玄翁払いの後に鑿を用いて小瘤を取り去る㋑以下の瘤取りの工程が続いて行われる。

㋑は粗い鑿打《のみう》ちという工法（斫《はつ》りともいう）である。面に三～六センチメートルほどの不等間隔で二、三センチメートルの欠き取られた粗くてやや尖った凹みが見られるもので、打込接や切込接でよく用いられる。

㋒は精緻な削りである。一センチメートルほどの間隔で細かく正確に斫り取られた浅い窪みが続くもので、最も丁寧な表面仕上げである。一つずつの浅い窪みは、一発の金槌の打撃で鑿によって斫られた痕である。もちろんその一発の斫り取りの深さや大きさは、石工の個性によって相違したものとなり、かなり粗いものから微細なものまで様々である。切込接に使われることが多く、特に切込接の算木積の隅石には一般的に使われる。当然のことに打込接でもよく見られる。天正二十年（一五九二）以前に築かれた広島城の天守台石垣では、野面であっても丁寧な㋒と㋓の工法が採用されており、面が野すなわち自然のままで化粧なしという、野面の語意には則していない。

㋓は鑿切《のみぎ》りという工法で、それによってできる連続した筋模様を簾《すだれ》という。鑿打ちでは鑿を一打撃ごとに面に当て直さねばならず作業効率が悪いので、鑿を面に当てたまま離さずに金槌で叩きながら浅い溝を彫り進めるものである。簾は作業した石工の個性が明瞭

▲払い落し（村上城本丸）

▲粗い鑿打ち（岡崎城本丸表門）

▲精緻な鑿打ち（江戸城本丸中雀門）

▲詳細

▲簾（江戸城本丸汐見坂）

▲詳細

に表れる技法で、等間隔かつ等長に直線の溝が几帳面に並ぶもの、溝の間隔が不揃いで平行にもなっていないもの、円く曲線を描くものなど様々である。㋔は簾を必要箇所だけに施したもので、よく見かけられる。なお、万治二年（一六五九）に再築された江戸城天守台では、おおむね隅石には丁寧な鑿打ち、平石には簾が行われている。この再築工事を命じられた加賀前田家の普請記録『明暦四　江府天守台修築日記』（明暦四年＝万治元年）に載せられている覚書に「面切中すたれニ為切可被申事」として面を簾仕上げにすることが提示されている。

㋕は簾の一種（鐫目《やすりめ》）ではあるが、もはや芸術的作品というべきものである。刻線は完全に均一な狭い間隔と太さとなり、必ず斜めに引かれる。狭い間隔で斜めに彫られた均一な筋は鐫の目のようであって、日本刀の茎《なかご》の仕上げの石垣版とも言える。江戸城本丸汐見坂など極めて

▲鑿打ちと簾の中間（江戸城本丸梅林坂）

▲気ままな簾（江戸城北の丸清水門）

▲芸術的な簾（福山城本丸筋鉄御門）

▲鐫目（江戸城本丸汐見坂）

表面仕上げ

稀にしか見られない。

以上の種々の表面仕上げは、いずれか一種類に限って使用されている例も多いが、混在して用いられることも少なくない。仕上げ方には個性が表れており、携わった石工の人数の多さが知られるだけではなく、個々の石工の技量の優劣、腕力や体力の差、仕事に対する真剣さの度合いなどが想像されて、石垣の鑑賞の楽しみともなる。

表面仕上げの施工

築石の表面加工は、巨石はともかくとして、一般的には石垣全体を築き上げた後に一気に仕上げられたと考えられる。『唯子一人伝』には「伐合ハ積立出来の上めんならし候」とあり、切込接は積み上げができた後で面を均すと明記されている。また「築城図小屏風」では、石垣の築造中に築石（打込接）の隙間に木棒を差し込んで足場を作り、鑿や玄翁で築石

▲石垣の表面仕上げをする石工
（築城図小屏風）

▲合石の表面仕上げ（会津若松城本丸廊下橋）
合石にも簾仕上げ

様々な仕上げの混在する石垣
▲江戸城本丸梅林坂
▼江戸城天守台（右上）簾（左上・右下）鑿打ち（左下）無仕上げ

の表面仕上げをしている様子が描かれている。

野面や打込接では、築石の面に極端な出っ張りがあれば積み上げる前に大まかな打ち欠きがなされたと考えられるが、石垣面全体に対する凹凸や捻じれを除去する微調整は、積み上げた後でないと施工できなかった。切込接の場合では、積み上げる時には合端の調整は精密になされねばならないが、面の精密な仕上げについては積み上げられて面の向きや凹凸が確定しないとやはり施工不能である。

積み上げられた後に石垣の面全体を平滑に削って仕上げたことが明白に分かる事例は、江戸城本丸汐見坂の石垣（切込接）である。打ち欠きと粗い斫りで表面加工した築石に対して、再び石垣全体に簾の仕上げを几帳面に施しており、その簾仕上げの範囲が途中で止められている。築石の面の途中で簾仕上げが打ち切られ、その打ち切られた境目が上下の築石に一直線に連なっている。通常は築石を個別に簾で仕上げるものであるが、この例では簾の施工範囲が築石を縦断する形で決められ、その範囲において一斉に施工されたことが明瞭である。なお、このような事例は稀であって、築石は個別に様々な技法を混ぜて仕上げられることが

◀施工範囲が分かる簾仕上げ（江戸城本丸汐見坂）
写真中の矢印から右方に全体的に簾仕上げを施工

多い。

丁寧な打込接では、築石の隙間に詰め込んだ合石の表面にも仕上げを施す。特に簾を施した例では、合石の表面仕上げであると明確に判断され、当然のことながら、築石を積み上げた後に合石を詰め、その後に築石と合石を同時に仕上げたことが分かる。

その一方、石垣隅部の算木積については、積み上げた後に大きく仕上げ斫りをして成形する必要があった。これについては、第三章第二節に詳しく述べる。

江戸切り

江戸切り《えどぎ》は切込接の面の特殊な仕上げ方の一つで、江戸時代中期以降に広まった。築石どうしの接合部となる面の縁に沿って一定幅（三センチメートルほど）で平滑に削り込み、その縁に囲まれた中央部が少し盛り上がってやや荒仕上げのまま残るものをいう。面全体を平滑に仕上げるのは手間が掛るので、縁だけ丁寧に仕上げ、中央部を省力化したものと言える。その中央部のやや粗い仕上げは築石を積み上げる前に行われたもので、積み上げ後に縁を平滑に仕上げたと考えられる。

縁を平滑に仕上げる理由は、切込接において築石どうしがわずかにでもずれてしまうと、そのずれが目立って見苦しいからだ。隣り合う築石の接合部をまとめて平滑に削り取ってしまうと、ずれが解消されて完全に正確に積み上げたように見え、その削り取られた接合部に生じる縁が意図的に施された飾りのように残るので、省力化と装飾の一石二鳥である。平滑な縁とやや野趣のある中央部が巧妙に対比し、石垣に趣を与える。江戸城では明暦大火後に切込接で用いられ始めている。駿府城（静岡県）天守台の天守焼失後の修築部などの隅石の角にも江戸切りに類する手法が見られる。

金沢の『唯子一人伝』に挙げられた曲尺場取残積《かねばとりのこしづみ》は、石の面の中ほどを取り残すもので、江戸切りと同じ定義であるが、意匠的には相違する。安政五年（一八五八）頃に築かれた金沢城本丸三十間長屋台石垣がこの実例であるが、縁と中央部との境に強い段差ができており、江戸切りよりも強い印象を与える造形を見せている。なお、金沢城内にこれに類似した石垣が各所に残るが、築造年代の違いにより中央部の加工程度が様々

▲江戸切り
（江戸城常盤門枡形）

▲曲尺場取残積
（金沢城本丸三十間長屋台）

▲江戸切り
（金沢城石川門枡形）

▶瘤出し
（二本松城搦手門）

▲江戸切りの一種（飫肥城追手門）
不整形で広い縁

▲江戸切りの一種（鹿児島城本丸楼門）
往時は縁に白漆喰を塗り込め

であり、趣にもかなりの違いが生まれている。天明八年（一七八八）再建の石川門枡形では縁との段差が少ない江戸切りである。

なお、縁の幅は一定ではないが面が盛り上がって荒仕上げのまま残る切込接を瘤出《こぶだ》しという。換言すれば、江戸切りは瘤出しの縁を一定幅にして面を削った几帳面な仕上げとも言える。

江戸切りに類するものとしては、飫肥《おび》城（宮崎県）追手門虎口に見られる正徳三年（一七一三）築造の切込接で、縁の平滑部とわずかに荒削りの中央部がほぼ同高に仕上げられている。縁の幅が江戸切りよりはるかに広く、不整形である。

また、鹿児島城本丸楼門虎口では、縁と中央部との境に深い区画線を彫り込んでおり、江戸切りに似てはいるが意匠的には全く異質である。明治初期の写真を見ると、幅の広い白い目地が見えるので、この縁取り部分に白漆喰を塗り込めて化粧されていたことが分かる。したがって、その独特な縁の区画線は、漆喰塗りの際に鏝《こて》の定規として漆喰がはみ出さないようにするとともに、漆喰が石面に固着して剥がれるのを防ぐ目的だったと考えられる。鹿児島城の他の部位では縁が取られていないので、鹿児島城の象徴であった楼門を飾るために施された特別な装飾加工だったと言える。

江戸切りの起源

江戸切りは切込接における一つの手法であるが、切込接が普及した元和・寛永期（一六一五〜四四）には江戸切りはまだ見られない。ところで、切込接の石垣の構築で最も注意が払われたのは築石どうしの接合部であって、その部位においてわずかでもずれて築石に出入りの段差が生じると、不細工が目立ってしまうからだ。それとは対照的に、築石に隙間がある野面や打込接では、築石にかなり大きな出入りがあっても気づかれることはない。

土木建築業界においては、接合部に不細工が生じないように、あるいは生じても目立たないようにする工夫を試みるのが当たり前で、なるべく手間を掛けないで不細工を防止することを仕事の「逃げ」と言った。切込接においては、接合部である目地が多少ずれても出入りが目立たないようにするため、面より接合部を窪ませる（沈ませる）逃げが使われた。目地が沈むと、陰影がついて石垣面に面白みが生まれる効果も期待できる。そうした逃げの工法は、城郭石垣では意外に少ないが、江戸城本丸北桔橋門枡形に見事に目地を沈めた切込接がある。近代建築の石張りの壁や近代の石垣では、瘤出しの切込接が多用されており、逃げが積極的に応用されている。なお、現代の野面では、築石の隙間が極めて少なく切込接に近いので、もとより目地が沈んでいるので、逃げになっている。

江戸切りの原初は、切込接の石垣を積み上げた後に面の出入りを調整するため、出っ張った方の築石の縁を目地に沿って少しだけ削り取ったことと考えられる。築石が小さければ面全体を削って調整すればよいが、築石が巨大であるとそれは大手間の掛かることで、縁だけの削り取りがなされた。江戸城では他城と比べて巨大な築石が用いられており、明暦三年（一六五七）の江戸大火以降に再築された石垣に見られる。その縁だけの調整削りが進化して縁取りのように平滑に削る江戸切りへと発展したと考えられる。

さらにその縁だけの調整削りは、元和寛永期において切込接の算木積の隅石における稜線部の調整削り（第三章第二節参照）にその原型を求めることができる。

▶沈めた目地
（江戸城本丸北桔橋門）

◀▶切込接の目地の調整削り
（江戸城二の丸下乗門）

第三節　巨石

巨石の使用

石垣に格段に大きな築石を用いた例は、全国の近世城郭でしばしば見られることであって、巨石によって城主の権威が誇示されている。巨石は城内の各所に散在するのではなく、大手門や本丸正門など重要な虎口付近に集中して用いられるのが通常である。その点からも巨石設置の意義は、敵あるいは来訪者に対して権威を見せつける、場面によっては威嚇することであり、逆に家臣が巨石を献上した場合では、城主に対する強いおもねりがあったことが分かる。例えば、名古屋城・徳川大坂城・江戸城などにおける超巨石の設置は、公儀普請（天下普請）において石垣普請を分担させられた大名が将軍に対して、こびへつらった証しであり、そうした行為によって自己の家の安泰を図ったものと考えられる。

その一方、城の象徴であった天守を支える天守台においては、隅石を平石より大きくするのは通常であるが、平石部では巨石の使用がほとんど見られない。平石部においての巨石は周囲の築石と比べ圧倒的に巨大な鏡石《かがみいし》（次項参照）が使われるが、重量が大きな天守を支えるためには、鏡石は構造的に不適切であったからである。鏡石は面が大きい割に厚さすなわち控えが極端に短く、構造的には極めて不安定だからだ。

鏡石を組み込んだ天守台は、岡崎城（愛知県）や伊勢神戸城《かんべ》（三重県）などしかない。特に岡崎城天守台では北面と東面に鏡石が組み込まれており、そのうちの東面では鏡石としては異様に高い位置に上げられている。しかも天守台の鏡石としては全国最大であり、異例中の異例と言える。

石垣の隅石に大きな石を縦に用いた例があるが、それは権威の象徴としてだけではなく、算木積の完成以前では隅部の安定化を意図したものと考えられる。慶長初期の三原城（広島県）天守台南西隅や慶長三、四年頃の熊本城本丸東面がその例である。その一方、文禄元年（一五九二）頃の肥前名護屋城（佐賀県）東出丸虎口袖石垣や文禄・慶長期の浜松城天守門脇などの隅石の巨石は、城門脇の低い袖石垣なので権威を見せつけた例である。

それとは対照的に、公儀普請で築かれた寛永元年（一六二四）の大坂城本丸南面や万治二年（一六五九）の江戸城天守台では、算木積の隅石に超巨大な石材を使用しており、途方もなく威厳に満ち溢れ、強度的にも史上最堅固な石垣となった。城郭石垣の中で最高峰と位置付けられる。万治元年頃の江戸城二の丸下乗門枡形や宝永元年（一七〇四）修築の中之門では、隅石だけでなく平石も巨大である。なお、江戸城の巨石は切込接なので、築石が少しでもずれると目立って見苦しい。それを精密に積み上げる際には微調整が必要で、わずかな面の角度の調整と大重量の巨石を正確に動かすために、築石の間には敷金《しきがね》（鉄板）や古い鍬《くわ》の刃先を入れている。注意深く観察すると、隙間に敷金が見える。

なお、城内に隅石を除いて巨石がほとんど見られない城も意外に多く、それには熊本城（不開門前に一つだけある）・松山城・赤穂城など著名な城が含まれる。

次に注目すべき巨石の例を挙げておく。

▲切込接の巨石に使われた敷金
（江戸城二の丸下乗門）

巨石の設置例

築城主については、公儀普請の場合あるいは後見人がいた場合は（　）内に担当した大名を記す。築造年は詳細な年代が不明な場合は築城（または修築）の開始年を記す。

城名	巨石の設置場所	築城主（担当大名）	築造年 （築城年・改修年）	備考
小倉城	虎門、大手門 旧中津口門	細川忠興 細川忠興	慶長七年 慶長七年	 現在は移設
中津城	水門	細川忠興	慶長六年	
福岡城	東二の丸東門	黒田長政	慶長六年	
肥前名護屋城	大手城門、東出丸	豊臣秀吉	文禄元年	
丸亀城	大手門	京極高豊	寛文十年頃	
今治城	黒鉄門	藤堂高虎	慶長七年	勘兵衛石、枡形の石垣を復元して再設置
高松城	太鼓門	松平氏	十八世紀頃	珍しい切込接の例
徳島城	西二の丸櫓台ほか	蜂須賀至鎮	慶長頃	特に巨石を多用
萩城	埋門	毛利秀就	慶長九年	海岸の石上に立つ
広島城	本丸中御門	毛利輝元	天正二十年頃	
岡山城	本丸内下馬門	池田忠継（池田利隆）	慶長八年	
姫路城	菱の門東方	池田輝政	慶長六年	
大坂城	二の丸京橋門 本丸桜門 本丸南面隅石 二の丸大手門	秀忠（池田忠雄） 家光（池田忠雄） 家光（池田光政） 家光（加藤忠広）	元和六年 寛永元年 寛永元年 寛永五年	京橋門肥後石など 桜門蛸石、袖振石など 大手門見付石など
観音寺城	伝平井丸	佐々木氏か	十六世紀後期	
松坂城	本丸中御門 二の丸東面	蒲生氏郷か 古田重勝・重治	天正十六年 慶長	
伊勢神戸城	天守台	織田信孝または滝川雄利	天正～文禄	
名古屋城	本丸東門	家康（黒田長政）	慶長十五年	清正石
岡崎城	天守台	田中吉政	文禄・慶長	設置高さは最大級
浜松城	天守門	堀尾吉晴	文禄・慶長	
上田城	本丸表門	仙石忠政	寛永三年	真田石
松本城	二の丸太鼓門	石川康長	慶長	玄蕃石
金沢城	尾坂門	前田氏	慶長	もと大手門
江戸城	二の丸下乗門 中之門 天守台隅石	家綱（細川綱利） 綱吉（池田吉泰） 家綱（前田綱紀）	万治元年 宝永元年 万治元年	 天守台石材は幕府が提供
会津若松城	本丸太鼓門	蒲生氏	文禄・慶長	

なお、この表に挙げた例以外にも巨石の使用例は多々あり、城門脇などに巨石を用いた島原城（長崎県）・平戸城（長崎県）・高知城・宇和島城・備中松山城（岡山県）・津山城・彦根城・安土城・田丸城（三重県）・松代城（長野県）・富山城・村上城（新潟県）など全国に広く分布する。

▲中津城水門

▲福岡城東二の丸東門

▲小倉城虎の門

▲小倉城大手門

▲徳島城西二の丸櫓台

▲丸亀城大手門

▲高知城追手門

▲広島城本丸中御門

▲岡山城本丸内下馬門

▲姫路城菱の門東方

▲松坂城本丸中御門

▲松坂城二の丸東面

▲名古屋城本丸東門清正石

▲岡崎城天守台東面

▲浜松城天守門

▲上田城本丸表門真田石

▲松本城二の丸太鼓門玄蕃石

▲会津若松城本丸太鼓門

鏡石

面が巨大な築石を鏡石という。すなわち前掲の巨石の大半は鏡石である。本来の語義からすると、面が平滑で物の影が映るような光沢のある石であるが、石垣においては面が特別に広大な築石をいう。大手門や本丸正門といった重要な虎口の石垣に他の築石と比べてひと際大きな鏡石を用いた例は、全国各地の城で見られる。もちろん威厳を示すだけのただの飾りであって、面は広大であっても控えが極端に短く、構造的には脆弱な石垣になる。鏡石の控えが短いのは石材の重量軽減のためで、重量が過大となって運搬の限界を超えないようにするためである。金沢の『唯子一人伝』の「鏡積」（鏡石を入れた石垣の積み方）においても、「積石大石なれ共、控えはなき石を用る」と明記されている。

▲大坂城の超巨大な本丸南面隅石

▲江戸城の超巨大な天守台隅石
高さ 12 メートルを 8 石で築く

鏡石の早例は観音寺城（滋賀県）であって、十六世紀後期の最初期の城郭石垣に遡る。その後関ヶ原の戦い以前では、城郭ではないが、豊臣秀吉が諸大名に命じて造営させた方広《ほうこう》寺（京都市）大仏殿の廻廊の基壇が注目され、ほとんど全部の築石が巨大な鏡石である。方広寺大仏殿は、現在の東大寺大仏殿の一・五倍もあった世界最大の木造建築で、天正十六年（一五八八）に着工し、同十九年に上棟した。秀吉はこの大仏殿に用いる巨木や築石を大名に調達させており、鏡石の使用がその後に広まる契機となったと言える。同じく秀吉が命じた文禄元年頃の肥前名護屋城大手のものが鏡石の早例である。大名居館の例では、天正末期頃に吉川《きっかわ》元春《もとはる》が造営した吉川元春館（広島県北広島町）の正面石垣に鏡石がほぼ等間隔で据えられている。

慶長の築城盛況期（一六〇一～一五年）になると、西日本の城郭を中心に鏡石が多用され、小倉城・岡山城・姫路城などで、城主に言い換えれば細川忠興・池田忠継（兄利隆が補佐）・池田輝政によって特大の鏡石が使われている。そして公儀普請による慶長十五年（一六一〇）の名古屋城と元和・寛永期の大坂城再築工事において全盛期を迎えた。特に徳川大坂城に使われている鏡石は全国最大のものが揃っている。本丸正門の桜門枡形《ますがた》にある蛸石《たこいし》が史上最大で、高さ五・五メートル、横幅一一・七メートル、推定重量一一〇トンもある。第二位は二の丸京橋門枡形の肥後石、第三位は桜門枡形の袖振石であるが、いずれも岡山城主池田忠《ただ》雄《お》が担当した。岡山城本丸の月見櫓周辺では石垣の天端に据えられた、石狭間《いしさま》を穿った土塀基礎石が見られ、大坂城と同様の仕様となっており、大坂城の石垣普請との関連が強く示されている。岡山城では本丸正門である内下馬門《うちげばもん》枡形に巨大な鏡石が並べられており、その石垣は池田忠雄の兄の池田利隆（輝政の子）が先代の岡山城主池田忠継を補佐して築いたものと考えられている。姫路城菱の門東方における鏡石の使用と考え合わせてみると、池田家は巨石の使用を特に好んだ大名と言える。大坂城本丸南面の史上最大の隅石も池田光政（利隆の子）が築いたものであった。

しかし、巨石の使用は一般的に元和・寛永期までであって、それ以降の例は江戸城・高松城を除いてほとんどなくなる。石垣の新築自体が激減し、修理が専らになったたか

▲鏡石（金沢城尾坂門）
面は巨大であるが側面は極めて薄い

大坂城の巨大な鏡石
▶本丸桜門 蛸石
▲ 本丸桜門 蛸石の上端
◀ 本丸桜門 龍虎石　門を挟んで左右に配置

大坂城の巨大な鏡石
▲二の丸京橋門 肥後石
▶二の丸大手門 枡形内
◀ 二の丸大手門 櫓門背面

鏡石の早例
▲肥前名護屋城大手
▼吉川元春館
等間隔に鏡石を据えるのは吉川氏の好み

▶切込接の鏡石（高松城太鼓門）
江戸中期以降に鏡石が激減した時期の作

◀積み替え工事中の鏡石
（岡山城本丸鉄門）
控えが短いために孕み出していた

▶崩れかかった鏡石
（観音寺城伝平井丸）

らである。『唯子一人伝』は石垣の秘伝書であるにもかかわらず、金沢城の大手の鏡石の役割について「破却石垣」という伝えを記す。鏡石を使うと、籠城に際して敵の軍兵を城内へ引き入れた時に石垣が取り壊しやすくなるからだというが、荒唐無稽の説である。鏡石の本来の意義を全く忘れており、これでは江戸時代後期になって鏡石が用いられなくなるのは当然であろう。

鏡石を使った例では、その構造上の欠陥によって崩れかかることが多く、慶長六年ごろに小早川秀秋《こばやかわひであき》が積んだと考えられる岡山城本丸 鉄門《くろがねもん》石垣は近年に解体修理された。

天然の巨岩の取り込み

巨石や鏡石は運搬されてきたものであるが、現地に天然に存在している巨岩を巧みに石垣に組み込んだ例も見逃せない。例えば彦根城本丸正門である太鼓門前の石垣は、天然の岩盤から削り出された城壁であって、いわば一枚岩の石垣である。その岩盤城壁に接続して通常の石垣が築かれている。

平山城や山城は岩盤からなる山であることが少なくない。その頂部を削平して曲輪を造り、その周囲の斜面を削って石垣を築く際に地下に埋まっていた岩盤が露頭することは珍しくない。その岩盤から石垣用の石材を切り出すのは通常のことであって、米子城本丸・萩城要害（詰丸）・岩国城（山口県）では矢穴を穿った岩が今でも見られる。切り出せないほどの巨岩の場合は放置せざるを得ないが、その巨岩に続けて石垣を築いて、天然の巨岩を人工的な石垣の一部として、時には石垣に巨岩を嵌め込んだように見せかける創意工夫もある。

巨岩を放置した例は、盛岡城（岩手県）の三の丸烏《え》帽《ぼ》子岩《しいわ》や不明門脇の巨岩が好例である。盛岡城では、本丸南腰曲輪（淡路丸）の南東隅部にも天然の巨岩があり、その巨岩を埋め殺して隅石が積まれていたが、その巨岩が災いして隅石が滑り出していた。盛岡城では天然の巨岩を石垣に組み込むことはしていないが、唐津《からつ》城（佐賀県）や萩城では、海岸の波打ち際に散らばる巨岩の上に石垣が築かれている。岡山城では地表近くに岩盤が存在しており、西の丸西手櫓下や内堀沿いの本丸西面に岩盤が見えている。丹波篠山《たんばささやま》城（兵庫県）では、本丸石垣に大きな自然岩盤が使われ、また南側内堀の腰曲輪は岩盤そのものである。本丸石垣の解体修理の

▲岩盤を削り出した城壁
（彦根城太鼓門）

巨岩の露頭
◀ 盛岡城不明門
▶ 丹波篠山城本丸腰曲輪

巨岩の上に築かれた石垣
◀ 岡山城西の丸　西手櫓台
▶ 唐津城本丸腰曲輪　上から見下ろした海岸の巨岩

苗木城とマチュピチュ
の石垣

巨岩の下に石垣を築く
◀ 苗木城　▶ マチュピチュ

巨岩と石垣の混在
◀ 苗木城本丸天守台　▶ マチュピチュ

巨岩を石垣に組み込む
◀ 苗木城風吹門脇　▶ マチュピチュ

際には、本丸は巨大な岩の塊であることが確認された。

天然の巨岩を積極的に石垣に取り込んだのは山城の苗木城（岐阜県）であって、巨岩を取り巻いて石垣を築いている。石垣の中に巨大な鏡石を嵌め込んだのと同等の効果をほとんど労なくして得ており、極めて才知に富んでいる。ただし、鏡石とは違って面が平らではなく少し出っ張っているのが難点であり、面白みのある点でもある。苗木城では、天守台は天然の超巨岩であって石垣がなく、風吹門脇の袖石垣も丸く巨大な岩である。風吹門に至る登城路脇には、節理でできた巨大な直方体の天然岩が直立しており、その下部の隙間に小さな石垣を詰め込んで、その石垣上に巨石を載せたように見せ掛けている。同様な手法は本丸腰曲輪の八大龍王祠脇の巨岩でも行われている。また、二の丸御殿正面の石垣には、高い位置に巨石を切込接の布積に築き上げたように見せているが、それも天然の巨岩であり、面を削って平らにしてまさに鏡石に見せ掛けている。天然の巨岩の応用の最高傑作と言える。そうした天然の巨岩を石垣に積極的に取り込む手法は日本では珍しいが、インカ帝国のマチュピチュ遺跡では頻繁に使われており、苗木城とマチュピチュは全く同じ手法で築かれていると言える。その点で、日本のマチュピチュは苗木城である。なお、備中松山城（岡山県）大手門においても、天然の巨岩に続けて石垣が築かれていて壮観である。

そして、天然岩盤自体を掘り抜いて一連の石垣としてしまった特異な例が臼杵城（大分県）である。臼杵城の旧大手登城路だった鐙坂《あぶみざか》では、天然の巨大な岩盤が露頭しており、その岩盤に深くて狭い登城路を削り込んだため、登城路を挟んで両側にそそり立つ岩盤が石垣の代わりをなしている。岩盤から削り出された城壁のため、隙間が全くなく、途中で厳しく屈曲し、しかも垂直に立ち上がっており、絶対に登り越えられない防御線となっている。

▲岩盤を削り込んだ城壁
（臼杵城鐙坂）

第四節　石垣の転用石

築城資材の再利用と転用

新規築城に際して、旧城から石垣や建造物を解体運搬して新城に再利用するのはごくありふれたことだった。例えば、秀吉の石垣山一夜城《いちや》（神奈川県小田原市）から江戸城に、徳川再築伏見城から二条城へ石垣を解体して石材が運ばれている。石垣山一夜城では、大手道に残る石材に「此石かき（石垣）左右、加藤肥後守（加藤清正）石場」という刻銘があり、そこにあったはずの大手の壮大な石垣がほぼ消滅している。江戸城の公儀普請を命じられた加藤清正が石材の調達場としたことが分かる。

公儀普請において廃城から石材を調達する理由は、築城経費や工期の節減であるが、地方の大名の居城においては、それだけでなく、旧領主の城を崩して新城に再利用することによって、支配者の交代を世間に喧伝する効果も期待されたと考えられる。彦根城の築城に際しても、現存する天守・天秤櫓城門・太鼓門は滋賀県域に所在した複数の旧城からの移築であり、しかも彦根城の中枢部の最も目立つところに再利用されている。それが旧敵将の城であってもお構いなしであり、領主の交代を如実に示す効果絶大な措置であったと言える。もちろん旧領主の城を大改修して面目一新した近世城郭は数多くあるが、その際でも使用可能な石垣はほぼそのまま再利用されており、中津城（大分県、黒田から細川へ）・広島城（毛利から福島へ）・岡山城（宇喜多から小早川へさらに池田へ）・姫路城（羽柴秀吉から中継大名へ経て池田へ）・和歌山城（浅野から徳川へ）・津城（三重県、富田から藤堂へ）・会津若松城（蒲生《がもう》から加藤へ）などでは新旧領主の石垣が明白に混在して残る。

その一方、旧城の資材の再利用ではなく、近世城郭の石垣には、本来は他の目的で作製された石造物が転用されていることが散見され、一般的に転用石《てんようせき》といわれる。そのなかでも築石としての転用石は、中世の墓石が圧倒的に多い。墓石のほかでは、石仏・板碑《いたび》・石灯籠といった仏教の石造物、社寺か茶室の手水鉢、日用品の石臼、古代寺院の礎石、古墳時代の石棺など何でもありで、それらの作製時代も古墳時代後期六、七世紀から近世初頭十六世紀後期の築城期まで広範にわたる。なお、古代七世紀後期に遡る朝鮮式山城の石垣に使われていた築石も転用されているが、近世城郭の石材とは様相が違い、時代も隔絶するので転用石の範疇に加えておく。

墓石

転用石で最も量が多いのが中世の墓石である。中世の墓石は、近世後期以降の正四角柱の墓石とは全く異なり、宝篋印塔《ほうきょういんとう》と五輪塔《ごりんとう》であった。当時は明治以降のような家の墓（何々家之墓）はなく、総て個人のための墓であって、一般的に当時の領主あるいはその一族や家臣の個人墓であった。

宝篋印塔は鎌倉時代に遡る石塔《せきとう》（石造の仏塔）で本来は墓ではなく、宝篋印陀羅尼《だらに》を祀る石塔だったともいう。室町時代以降は、身分の高い人すなわち領主層の墓塔とされた。高さは一～三メートルで人の背丈以下のものが多い。下方から基礎・塔身《とうしん》・笠《かさ》・相輪《そうりん》の四部品に分かれる。基礎は低い正四角柱の台座で、四方あるいは正面側に格狭間《ごうざま》という装飾彫刻がある。塔身は正四角柱で四面に円形を彫り出してその中に仏教の仏を表す種子《しゅじ》を刻む。笠はいわば屋根で、四隅に耳（突起）を設け、中心部は階段状に盛り上げる。相輪は五重塔や多宝塔の相輪を簡略的に一石で彫り出したものである。塔身と基礎との間に反花《かえりばな》という蓮弁の彫刻を入れることも少なくない。丁寧なものは基礎の下にも反花や四角い基壇を加える。

石垣の築石に転用された宝篋印塔の部品は、使い勝手のよい基礎と塔身および基壇だけである。もちろんばらばらの状態で、向きは上下反対や横倒しも含めて極めて雑然と石垣に組み込まれている。特に決まった向きにして使うというわけではなく、他の石材と混ぜて単に築石として使われたと考えられ、そこには魔除けや祈願や崇敬といった宗教儀礼は微塵も感じられない。旧領主や旧勢力に対する見せしめとしてなら納得できる。笠と相輪は形状的に築石には使いにくく、裏込などに転用されたと考えられる。

また、五輪塔は平安時代に遡る仏教の石塔の形式であって、本来は墓ではないが、室町時代にはもっぱら墓石として多用された。五つの部位で構成され、下から地輪《ちりん》・水輪・火輪・風輪・空輪に分かれる。地輪は低い正四角柱、水輪は球状、火輪は四角錐で方形造《ほうぎょうづくり》の屋根状、風輪はお椀形、空輪は宝珠形である。地輪・水輪・火輪は別々に作られるが、風輪・空輪は一体成型になる。宝篋印塔より構造が簡単であり、大きさも小ぶりなので墓としての用例は圧倒的に多く、領主層だけではなく、その家族や家臣さらには富裕な商人や農民層にも広まった。特別に大きな高さ二メートルほどの五輪塔は一般的に大名のもので、江戸時代になっても大名墓の一形式として存続するが、小規模な中世城郭に関連するものでは、通常は高さ一メートル未満である。さらに一般庶民の墓としては、五つの輪を一本の正四角柱の石に簡略に彫り出した高さ三〇センチメートル程度の一石《いっせき》五輪塔が大量に作られた。

近世城郭の築石としては、使い勝手から地輪のみが転用され、ほかの部位は裏込等に詰め込まれた。豊臣大坂城本丸の石垣からは一石五輪塔が裏込から見つかっている。

特に多くの宝篋印塔や五輪塔が転用されている石垣は、大和郡山城（奈良県）本丸、福知山《ふくちやま》城（京都府）天守台、伊勢亀山城（三重県）天守台などで、築造が天正期に遡る。元亀二年（一五七一）頃から細川藤孝が築いた勝龍寺《しょうりゅうじ》城本丸（京都府長岡京市）や天正二年頃に荒木村重《あらきむらしげ》が築いたとされる有《あり》岡《おか》城（兵庫県伊丹市）本丸櫓台石垣には宝篋印塔や五輪塔が転用されており、墓石転用の早例である。なお、大和郡山城本丸は史上で最も多くの墓石等が転用され

▲墓石転用の早例
（有岡城本丸）四角形の築石が墓石

多数の宝篋印塔を転用した石垣
◀ 大和郡山城本丸
▶ 福知山城天守台

▶ 隅石に転用された宝篋印塔
（和歌山城天守曲輪）格狭間を彫った基礎

ているが、その多数の宝篋印塔の残欠のなかには十六世紀中期に降るものが含まれ、勝龍寺城では永禄十二年（一五六九）銘の一石五輪塔が転用されており、墓石として作られてほどなく、すなわち葬送後間もなく墓所から略奪されて石垣に無残に組み込まれたことになり、新しい墓石は新城を築くために魅力的な建築資材だったようだ。

近世城郭の築石として墓石を転用した例は、関ヶ原の戦い以前が多く、関ヶ原後の慶長の築城盛況期になると転用例が激減する。そうした状況からすると、野石を多く用いた関ヶ原の戦い以前においては、築城用の石材不足を補うための便宜的な方策だったと考えられる。関ヶ原以降になって大量かつ規格化された石材が樵石《こりいし》（割石を含む）として供給されるようになると、転用石の需要は激減して当然である。天下統一過程で旧領主や抵抗した寺院に対しては、彼らの墓石を略奪して築城資材に使うことによって領主の交代を厳然と示すこともでき、一挙両得の措置だったと言える。そこには、他人の墓に対する敬意もなければ、魔除け的な意義も全く見いだせない。

その他の転用石

転用石は信長の安土城でも見られ、石仏や一石五輪塔が登城路の階段の踏面《ふみづら》に転用されている。ただの石材として徴発したものかもしれないが、悪意をもって解釈すれば、石仏等を足蹴にすることで、その石仏が属していた寺院あるいは墓所への見せしめともとれる。

墓石以外の転用石が特に多い城郭は、豊臣大坂城と姫路城および大和郡山城である。発掘された豊臣大坂城本丸東面の石垣では、古代の都城の大きな礎石が隅石として積み上げられていた。その礎石は、円柱を立てる柱座の円い造り出しがあり、隅石に成形するため一部が削り取られていた。大坂城の南には難波宮《なにわのみや》跡があり、それに関連した礎石と考えられる。また、裏込には一石五輪塔が混ぜられていた。

姫路城では墓石のほかに備前丸（本丸）の備前門左右の袖石垣など各所に古墳時代の石棺の身《み》が嵌め込まれている。その石棺の身の底は長方形に成形されているので、その大きな底を石垣の面としたり隅石としたりして活用している。石棺なので内側が大きく削り込まれているため、隅石では石尻を見るとその削り込みが確認できる。内側の削り込みのため強度が低いが、城門付近の低い石垣なので問題ない。

また、姫路城乾小天守台には、小さな石臼の破片が合石として使われており、秀吉築城時の伝説に因んで姥ヶ石《うばがいし》と呼ばれている。合石なので外れやすく、いつの時期に入れられたかは定かではないし、近代になってからも少し移動したという。同様の伝説がある例では、鳥取城二の丸三階櫓台に嵌め込まれている「お左《さ》近《ご》の手水鉢」（石垣は復元）があり、侍女お左近が所有していた手水鉢だったという。

文禄・慶長期の大和郡山城天守台では、墓石のほかに古代寺院あるいは平城京の巨大な礎石が転用されて

▲古代都城の礎石
（豊臣大坂城本丸）

おり、奈良薬師寺の堂塔のものとも言われる。また天守台の築石として比較的に大きな石仏が足元を石垣の面に向けて牛蒡積のように、しかもうつ伏せに入れられており、「さかさ地蔵」と呼ばれている。

珍しい例としては、黒田孝高《よしたか》が十六世紀末に築いた中津城に古代城郭である朝鮮式山城（神籠石《こうごいし》）の築石が多数転用されている。節理を利用してほぼ直方体に割られた石なので、打込接の整然とした石垣に見まがう。特に隅石として多用されている。

◀ 古代城郭の築石
（中津城）

大和郡山城天守台の転用石
◀ さかさ地蔵
▶ 隙間から見た地蔵
▼ 古代寺院の礎石

第五節　石垣の見栄えと遊び心

モザイク模様

元和・寛永期になると、隅石だけではなく平石部分にも切込接の石垣が普及し始めたが、その頃は築石の隙間をなくすことが主目的であった。降って十七世紀中期以降になると、切込接の個々の築石の形状や石質の相違を巧みに組み合わせて、モザイク模様のようにした芸術的な石垣が登場する。その代表例が明暦三年（一六五七）の江戸大火後に再築された江戸城本丸や二の丸などの石垣である。特に二の丸正門の下乗門《げじょうもん》枡形とそれに続く中之門は、江戸城の正式登城路を形成する最も重要な部位であって、城内で最も威厳に溢れた石垣が残る。

二の丸から本丸へ上る正式な大手口に当たる中之門の袖石垣は明暦の大火で損傷し、万治元年（一六五八）に公儀普請として熊本城主細川家によって再築された。そのうち虎口（城門部）の両側は元禄十六年（一七〇三）の大地震で大きく崩れ、宝永元年（一七〇四）に鳥取城主池田家によって修復されている。巨大な築石を切込接の布積（一部は乱積）としているが、その石材は大きさや色が相違するものが不規則に混在しており、その結果、模様を織りなしているようにも見える。石材の色の違いは産出地の違いによる岩石種類の違いである。石垣修復工事報告書によれば、伊豆半島やその付近から運ばれた黒っぽい安山岩（伊豆石）と白っぽい（表面が酸化してやや褐色化した）花崗岩などに分かれる。さらに安山岩には、青みを帯びたもの、赤みを帯びたもの、薄い灰色のものの三種がある。花崗岩は香川県の塩飽島《しわくじま》石と和歌山県の熊野曽根石など、さらに灰色に見える閃緑《せんりょく》花崗岩が使

江戸城のモザイク模様の石垣
▶中之門
▲下乗門
◀外桜田門

われ、さらに伊豆半島西岸の凝灰岩（伊豆御影《いずみかげ》）があり、視認で区別できる岩石は少なくとも六種類に及ぶ。

　多くの岩石種類が混合した要因は、宝永修理における築石の取替えと移動もあるが、万治の構築時において石材が複数の大名からの献上されたことが主因であった。万治再築時の大手筋の虎口や櫓台の石材については、尾張徳川家・紀州徳川家・福岡黒田家・岡山池田家から将軍への献上であって、伊豆石は尾張徳川家と紀州徳川家、花崗岩の熊野曽根石は紀州徳川家、花崗岩の塩飽島石は黒田家、犬島《いぬじま》石は岡山池田家から合計一四〇〇本が献上されたことが判明している。

▲モザイク模様の石垣
（駿府城内堀出土石垣）

　このようなモザイク模様のような色とりどりの築石を用いた切込接の例は、江戸城以外には金沢城が顕著である。また、十九世紀中期に積み直された駿府城内堀石垣は、特に小さな築石を用いたモザイク模様であり、また次項で紹介する八つ巻き・六つ巻きを連続させて使ったものでもあって、稀有な例である。なお、打込接の場合では、徳島城・田丸城（三重県）・浜松城といった特殊な岩石の産地の城で見られる。

笑い積・八つ巻き

切込接および隙間の少ない打込接の石垣では、十八世紀頃から遊び心に満ちた積み方が急増する。笑い積や八つ巻きという積み方である。その起源は十六世紀末に現れた鏡石に求められ、文禄元年（一五九二）頃の肥前名護屋城東出丸の鏡石は笑い積の祖型と言える。それよりやや先行する広島城天守台には、八つ巻きの早例と言えるようなものが見られる。慶長十四年（一六〇九）に公儀普請された丹波篠山城本丸櫓台では立派な笑い積が見られる。八つ巻は、他の築石と比べると大きいが鏡石とは呼べないような大きさの石を強調して用いる方法で、いわば鏡石の代用または小型化したものである。

笑い積とは、大きな築石の周囲を比較的小さな築石で取り巻いたもので、大きな口を開けて笑っているように見える特殊な積み方である。大きな石は控えが長くなく、それを比較的に小さい築石で取り巻くため強度上ではいわば欠陥であって、丹波篠山城本丸を除いて高い石垣には使われることがない。近代には好ましくない積み方とされている。徳島城には大きな笑い積、飫肥城（宮崎県）には小さな笑い積がある。笑い積が小さくなって中心部の築石が他の築石より少し大き目ぐらいのものは、次に述べる八つ巻きの類である。両者の中間的なものは当然存在するので、強いて区別する必要はなかろう。

八つ巻きは、やや大き目の築石を中心としてその周囲を八個の築石で取り巻く積み方である。花模様のように見え、面白みがある。取り巻かれる中心部の石は図形的にほぼ必然的に多角形（不等辺六角形や五角形など）となり、谷積を交えた乱積となることが多い。取り巻く築石を七個にした七つ巻きもある。ところで、理想的な布積は、築石が品字形に配置されるものであって、よって各築石は六個ずつの築石で取り巻かれるので、六つ巻は当たり前のものであろう。しかしながら、八つ巻き・七つ巻きの気分で中心部に多角形の築石を配して谷積の技法で六個の築石で取り巻いたものもあり、それは六つ巻きと称しても良いであろう。いずれにしても近代には欠陥のある積み方として忌諱された。

この八つ巻き・七つ巻きあるいは六つ巻は十八世紀以降になると盛んに用いられようになり、切込接の乱積では多くの石垣で応用されている。洒落た石垣では、飾りとして等間隔に多数入れられることもある。十九世紀中期再築の

▲肥前名護屋城（祖型）

▲丹波篠山城本丸

▲徳島城

▲飫肥城

▲佐賀城鯱の門（典型）

笑い積

八つ巻き
◀ 広島城天守台（祖型）
▶ 岡崎城本丸表門

◀ 並べられた八つ巻き・六つ巻き
米子城小天守台

散りばめられた八つ巻き
◀ 玖島城本丸
▶ 小島陣屋

米子城（鳥取県）小天守台（四重櫓台）や駿府城内堀石垣はその好例である。玖島城（大村城、長崎県）では、ほぼ切込接の乱積の石垣があるが、注意して見ると石垣の全面に八つ巻きや七つ巻きが散りばめられており、遊び心が満開である。打込接の石垣に無数の八つ巻きや七つ巻きなどを詰め込んだ十九世紀中期の小《お》島陣屋《じまじんや》（静岡市）の石垣も見ものである。

合石の嵌め込み

十七世紀中期になると切込接が普及するが、築石に巨石を用いた場合には築石どうしを完全に密着させることが難しく、その隙間に小さな合石を詰め込むことになる。面が数センチメートルの合石は見栄えが悪く、また脱落しやすい。そこで、築石どうしの小さな隙間に対しては、深さ三センチメートルほどで隙間より幅広く削り取り、その削り取った窪みに合わせて板状の合石を精巧に作製して嵌め込む技法が生まれた。

そうした技法は万治元年（一六五八）からの江戸城の大手筋の石垣再築工事で多用されており、特に二の丸下乗門枡形の巨石に応用されている。その後の経年によって板状の合石が外れてしまい、隙間を拡張して彫り込まれた平たい窪みが見られる箇所がある。

会津若松城（福島県）の北出丸大手門枡形にも巨石が使われているが、その築石どうしの接合部の隙間を筋状に抉り取って丁寧に合石が嵌め込まれている。合石を用いる点では打込接ではあるが、即断するわけにはいかない。この合石は個々の築石の全周を一定幅の筋として廻るものであり、その形状から頬被《ほおかぶ》りと呼ばれることもある。換言すれば築石を合石の帯で区画するもので類例が少ない。合石が見事に切り合わせてあるので特殊な切込接であるともいえ、会津若松城の石垣の特徴の一つである。この石垣は寛永十六～二十年（一六三九～四三）に加藤明成（松山城を創築した加藤嘉明の子）による築造である。また、本丸太鼓門枡形の石垣は、大きな石をふんだんに用いた打込接であるが、その周囲を抉って合石を切込接のように入れており、北出丸の技法の先駆的な状態と言える。前城主の蒲生秀行が慶長期に築いた通常の打込接の石垣を寛永期に加藤明成が切込接に見えるように改修したものかもしれない。合石が切込接のように緻密ではない例が苗木城（岐阜県）駆門《かかりもん》跡などで見られる。

合石の嵌め込み
▲ 江戸城二の丸下乗門
◀ 合石が外れた窪み

合石の嵌め込み
▶会津若松城北出丸大手門（頬被り）
▲会津若松本丸太鼓門
◀ 苗木城駆門（頬被り）

様々な遊び心

切込接や隙間が狭くて切込接に近い打込接の石垣では、装飾的な築石を選んだり、芸術的な石の配列をしたりする例が散見される。いわば石工の遊び心（技巧的創作意欲）が石垣に加えられるようになった。ここでは、その一端を紹介しておく。

最初に会津若松城の寛永期の石垣を取り上げたい。加藤時代の遊び心が満載である。例えば本丸弓門枡形の鏡石は、表面加工が施されて平滑に仕上げられているが、その外形は自然石の形状を残しており、上の方へ円い出っ張りがある。その出っ張りを切除しようとして矢穴で切り取り線を入れたが、割り取りは行われず、矢穴が模様のように残っている。鏡石の上方の左右には、その形状に合わせて円く削られた築石が密着して嵌め込まれ、出っ張りの頂部には、なぜか小さな合石を帽子のように被せている。ここまでくると傑作というしかない。この例とは趣向を変えて、会津若松城北出丸の大手門の高麗門脇の雁木《がんぎ》（間口の広い石段）では、雁木を受ける側壁に大きな石を用い、その石に段々を削り込んで雁木を支えている。雁木の支えとしては全国一の豪華さで、それを見せつけることが遊び心と言える。

会津若松城本丸太鼓門枡形の城内側の合坂には、猪《い》の目《め》形の築石が嵌め込まれている。猪の目は古来親しまれてきた図形であるが、築石としては並べにくく不適格である。遊び心で入れたものと考えられる。全国各地の城でハート形（猪の目と同じ形）の築石が観光的に取り上げられているが、その中には偶然に猪の目形になった石材と遊び心によって確信的に入れられたものがあろう。なお、猪の目はハート形と同じであるが、両者は全く無関係であり、猪の目ならハートを横倒し、または斜めに使うのが正しい。猪の目形のほかに、米子城小天守台には「へ」の字形の築石が組み込まれている。

厳密には城郭石垣とは言えない（高さが低い割に勾配が緩く、防備性能がない）が、掛川城（静岡県）二の丸御殿正面の屋敷構えの石垣では、扇面《せんめん》（扇の紙の部分）に成形した築石を多用している。平石だけではなく隅石までも扇面を応用しており、異彩を放っている。沖縄の中城《なかぐすく》の三の郭石垣や民家の石牆《せきしょう》（石塀）に見られる完成期の相方積《あいかたづみ》（切込接の一種）と共通する作風であって、切込接が進化するとたどり着く意匠の一つである。

幕末の谷積の石垣には造形に注意を払った例がわずかに見られる。その中で最高傑作が勝山《かつやま》御殿（山口県下関市）である。幕末の攘夷決行のため長州の支藩長府藩が文久三年（一八六三）に新規に築いた城で、武家諸法度に抵触するため幕府に憚って御殿と称した。その本丸正面の石垣は、長大な石材や大きな石材を豪快に谷積として入れ、あたかも石垣全体を巨大な画面

▲会津若松城太鼓門（猪の目形築石）

▲会津若松城本丸弓門（傑作）

▲米子城小天守台（「へ」の字形築石）
遊び心

▲掛川城二の丸御殿前石垣（扇面形築石）

として大海原の波濤を描いたようにも見える。自由奔放な意匠であって、一般的に見栄えが劣る谷積に遊び心を大いに加えて造形的に優れた石垣に進化させたといえる。

そして幕末の遊び心で忘れてはならない石垣が同じく文久三年に築城された石田城（長崎県福江市）にある。隅石と築石と天端石をまるで模様のように豪快かつ芸術的に切り欠き合わせもので、日本の城郭石垣の造形の奇跡と言える。また、洲本城（兵庫県）の下の城の櫓台石垣も大きくうねったような一種の谷積であって、造形的に面白い。

◀ 大画面となった谷積（勝山御殿本丸）

◀ 芸術的切り欠き合わせ（石田城二の丸）

◀ 大きくうねった谷積（洲本城下の城）

遊び心の石垣

第六節　石垣の排水口と抜け道

排水口の概要

石垣の平部には、郭内に降った雨水を集めて郭外に排出するための排水口が時々開けられている。築石の背後にある裏込には隙間の多い河原石が一般的に使われているので、石垣の背後に達した雨水は直ちに裏込内を流下してしまい、排水口は本来必要としない。しかし、広い郭内の雨水を集めた排水路（多くは地下を通る暗渠《あんきょ》）が石垣に突き当たる部位では、大雨の際に大量の水が溢れる虞があり、さらには日常の廃水が

▲排水口（松坂城本丸）
排水口の向こう側が見える稀有の例

▲水余し
（広島城内堀）

石垣の裏込に流下し続けると裏込にゴミや土が溜まって目詰まりをきたす危険がある。目詰まりは石垣背後の排水という裏込の大切な機能の一つを阻害するので好ましくない。そこで、郭内の排水路が石垣に突き当たる部位では、石樋《せきひ》（板状の石材で造った水路）などで裏込を貫通させて導水し、築石の間に排水口を開いて郭外に直に水を放出する。

松坂城（三重県松阪市）本丸では、郭内の排水路とそれに続く石垣の排水口の関係がよく分かる好例が見られる。もちろん天守台や櫓台には排水路がなく（名古屋城天守台の井戸水の排水路は特例）、そもそも台上に降った雨水は建物の屋根によって台の外側へ直に放出されるため、そこには排水口が全く作られない。

一方、石垣に排水口を設けずに、虎口の城門内（多くは扉の下）を通過する排水路を設けている城も少なくなく、熊本城・松山城などで立派な排水路が見られる。そうした排水路は断面が大きく、大量の雨水を排出するには合理的であったが、敵が排水路から侵入する虞もある。

なお、排水口ではないが、水堀の水位調節のために開けられた導水口もある。大雨などで水位が上がり過ぎた時に堀水を排出するための石樋で、水余しともいう。広島城内堀や上田城（長野県）外堀などに残る。

排水口の種類

石垣の排水口は、関ヶ原の戦い以前の野面の石垣にはほとんど作られていない。そうした例では、郭内の面積が関ヶ原以降の城と比べて著しく狭くて雨水の集積量が少なく、裏込や石垣表面からの排水機能だけで十分だったからである。関ヶ原以降になると、郭内の面積の増大に加えて隙間の少ない打込接あるいは切込接の石垣が一般化し、排水口の必要性が生じた。そこで多くの城の石垣に排水口が設けられたが、現代都市の排水側溝の量と比べると著しく少なく、また経年による排水路の詰まりもあろうが、現在でも排水機能を果たしている排水口は松山城本丸筒井門前などわずかである。

排水口が開かれる部位は、一般的に石垣の平部において高さの二分の一以上の位置である。高い位置にあるため、気づかないことが多い。ただし平城に多く見られる石塁の場合では、郭内の地盤が低いので、排水

▲開口部のみ（広島城本丸上段）
文禄（1592～96）頃

▲底と側壁のある石樋（広島城本丸上段西面）
慶長6年（1601）以降

▲丁寧な嵌め込みの石樋（上田城外堀）

▲四方を囲んだ石樋（和歌山城二の丸）

▲刳り抜かれた石樋（江戸城三の丸）

▲一枚板の石樋（高知城）

排水口の種類

口の位置は低くなる。

稀に水堀の水面よりわずかに上方の例もあるが、郭内の排水路との高さ関係から石垣の下部や最頂部に開かれることは稀である。

排水口の初期の形式は城や時期によって色々あるが、最も単純な形式は、上下左右の四個の築石に囲まれたほぼ正方形の穴で、慶長期の例が多い。打込接、布積の築石の一個を外しただけのようなものである。排水口の奥に石樋があるかどうかは不明である。

石樋を切石で丁寧に作り、その先端を少しだけ石垣面から突き出す排水口は、多く見られる。四枚の板状の切石でできており、底と天井に相当する石を左右に広げ、それを突っ張るように両側に側石をはめたものである。天井の石をなくしてやや大きめの築石を天井の代わりに渡す例もある。

年代が下降すると、側石を底石と欠き合わせて水漏れを防ぐものや、大きな直方体の石材に排水路を彫り込んで側石と底石を一体化させた高級品も現れる。そうした例では、石樋を石垣面より長く突き出して、排水を石垣から遠くに飛ばす工夫もなされる。江戸城三の丸では四角柱の石材を刳り抜いて排水口を造り出した最高級品がある。

抜け道

落城の際に脱出するための抜け道は伝説には語られるが、もし近世城郭で城攻めをした場合には城全体を取り囲んで完全に封鎖するはずで、抜け道は現実的ではない。

厳密には抜け道とは言えないが、熊本城本丸北側の小天守と裏五階櫓との間には、排水口ではなく、人がかがんで通れるほどの大きな穴（石門）が石垣の最下部に設けられている。小天守と裏五階櫓から向かい合わせの階段を下ったところに、石垣で取り囲まれた狭い空堀のような空間があり、その底に石塁の下を通り抜ける穴がある。

築城当初、この空堀状のところは、本丸北側に開かれた虎口だったと考えられ、本丸の火災時などの避難脱出口として設けられたものと推測される。それを抜けて本丸北側の腰曲輪を通ると不開門の背後に至り、そこからは直ちに城外へ避難できる。しかし、本丸の防備性能からすると深刻な弱点になるので、虎口を堤防状の石塁で封鎖し、その底に通路を設けたものと考えられる。通路が極めて狭いので敵の大軍の侵攻は容易に阻止でき、一方、火災時などの非常口としての機能は十分である。なお、石門およびその石塁は、内部の石材に彫られた銘文により元禄十七年（一七〇四）の築造（武家諸法度を考慮すると創築ではなく再築かと分かる。その石門を抜け出たところから腰曲輪を逆に西へ向かうと宇土櫓台に突き当たるが、それを仕切るために別の石塁が設置されており、そこにも別の石門が設けられている。これは通りにくさで究極の埋門とも言える。

抜け道（熊本城本丸北面）
▲抜け道への通路
▲入口
▼内部

第二章

石垣の詳細

第七節　石塁の上り口

石塁の坂

堤防状に築かれた石垣は特に石塁《せきるい》という。通常の石垣であれば石垣の天端は郭内の平地とほぼ同高であるが、平城などの場合では石垣の高さを補うために郭の外周の城壁を堤防状に盛り上げる。それが土居《どい》（土手《どて》）であれば土塁、石垣であれば石塁として区別することがある。いずれにしても郭内の平地からは一段高くなるので、塁上に上るためには坂道や階段が必要となる。軍学上では、それらをまとめて坂《さか》と呼んだ。

石塁の坂は基本的に石階《せきかい》（石で築いた階段）であって、その段石は石垣で支える。石塁に直交させて一間ほどの間口の石階を取り付け

坂
▲松山城本丸本壇
▼和歌山城砂の丸

ることが多い。しかし、石階が郭内の平地に突き出すと邪魔になる場合は、石塁に沿って上がる坂とするか、あるいは石塁に長方形平面の欠き込みをつけて石階をそこに造り込む。

そうした石塁の欠き込みを設けるには、出隅と入隅を二つずつ造らねばならず手間が掛るので、一か所の欠き込みに対して石階を向かい合わせに二つずつ造るのが合理的であった。それを合坂《あいさか》（逢坂とも書く）という。現存する合坂では、津山城（岡山県）本丸が極めて高く壮観である。なお、合坂に合理性があったという実

▲府内城西の丸

▲広島城二の丸

▲福山城本丸多門櫓台合坂

▲壮大な合坂
（津山城本丸）

情を忘れた江戸時代の軍学では、合坂の上り口で混雑すると想像したようで、合坂は宜しくないとする。

雁木

石階の間口が特に長いものは雁木《がんぎ》と呼ぶ。江戸時代の軍学では、雁木は、枡形門《ますがたもん》（虎口に設けられた四角い広場を枡形といい、枡形の内外二か所に城門を建てたものを枡形門という）の外側の門（多くは高麗門）の両脇の低い石垣や多門櫓の背後などに設けられることが多い。間口が広いため大勢の城兵が同時に塁上に駆け上がれる利点があって、城門の両脇に土塀を建てた低い石塁の場合には、必ず設けられた。

　石塁上に多門櫓を建てた場合には、郭内の平地から多門櫓背面に並ぶ戸口へ大勢の城兵が駆け上がるため、長大な雁木が設けられた。彦根城（滋賀県）の二の丸佐和口《さわぐち》では長大な雁木と多門櫓が現存する。大坂城本丸や二条

高麗門脇の雁木
▶土塀の控柱が建つ（大坂城大手門）
▲高麗門に続く雁木（丸亀城大手門）
◀雁木を受ける側壁が一石造りの豪華な例（会津若松城北出丸大手門）

▲ 多門櫓背後の雁木（彦根城佐和口多門櫓）

長大な雁木
▶幕末に多門櫓の火災で焼損（大坂城本丸）
▲塁上には土塀があった（萩城本丸）
◀高さも全国最大（福井城本丸）

城本丸では多門櫓は消滅したが、延々と続く雁木が現存する。福井城本丸は石塁が通常より著しく高いので、雁木も極めて段数が多く、壮観である。雁木は長大な土塀が一直線に続く場合にも応用され、和歌山城や萩城（山口県）の雁木は長大である。

第三章

石垣の築造技術と修復

第一節　反りの技法

勾配と反り

日本の石垣は、城門脇などの低い例を除いてかなり傾けて築かれる。垂直に近い方が敵に登られないので防御的には勝れるが、地震対策のためにあえて緩い勾配で築かれているのであって、その点で外国の垂直な城壁と大いに相違する。また日本の石垣の多くは、上部に美しい曲線を描く反りをもっている。石垣の反りは下から二分の一～三分の二（元和・寛永期以降は三分の一）より上方に付けられており、それより下方は斜めに傾く勾配だけである。すなわち日本の石垣の多くは、勾配と反りによって形作られている。建築・土木では、石垣や土手の勾配のある斜面を法《のり》という。

石垣は古くは勾配だけで築かれていたが、天正末期（一五九〇年頃）になって反りが付けられるようになった。初期の反りは石垣の頂部付近の勾配を徐々に急にしたもので、天正十八年（一五九〇）頃に毛利輝元が築いた広島城天守台がほぼ初例であろう。文禄（一五九二～九六）頃に蒲生氏郷《がもううじさと》が築いた会津若松城

▲頂部にわずかな反りのある石垣
（広島城天守台）
天正 18 年（1590）頃

天守台にはまだ反りがないが、ほぼ同時期に浅野長政が築いた甲府城（山梨県）天守台や岡本宗憲《むねのり》の伊勢亀山城（三重県）天守台には、その頂部にわずかな反りが見られ、その後、反りのある石垣が次第に増加していく。なお、大和郡山城（奈良県）天守台には反りがないが、その築造時期は慶長初期の増田長盛《ましたながもり》が城主だった時期まで下降する可能性がある。

そして関ヶ原の戦い以降の慶長の築城盛況期（一六〇〇〜一五年）の石垣になると、勾配の緩急は様々であり、反りの付けようも個性的であって、反りがないものや強い反りをもつ例も散見される。その盛況期をもたらせた西国の外様大名衆の個性が表れていると言える。そうした状況は、幕府が主に西国外様大名衆に命じた慶長十一年（一六〇六）から同十五年までの間に断続的に行われた江戸城・駿府城・丹波篠山城・丹波亀山城・名古屋城といった石垣の公儀普請（天下普請）が強い原動力となって、石垣の上半分が美しい反りをもつように統一された。公儀普請では、石垣の勾配と反りが完全に統一されていないと、大名の丁場《ちょうば》（普請の分担）どうしの境で石垣が接合できないからであり、公儀穴太《こうぎあのお》（幕府が採用した石工）による管理指導が徹底していたと考えられる。

その美しい反りは、公儀普請に参加した外様大名衆に広まり、日本城郭の石垣の基本となった。また、元和六年（一六二〇）からの大坂城の公儀普請はもとよりその後の二条城・江戸城の公儀普請の石垣へ継承され、元和以降の譜代大名による明石城（兵庫県）・福山城（広島県）・淀《よど》城（京都市）などにも受け継がれている。

なお、城郭石垣では、勾配だけの部位が全くなく、

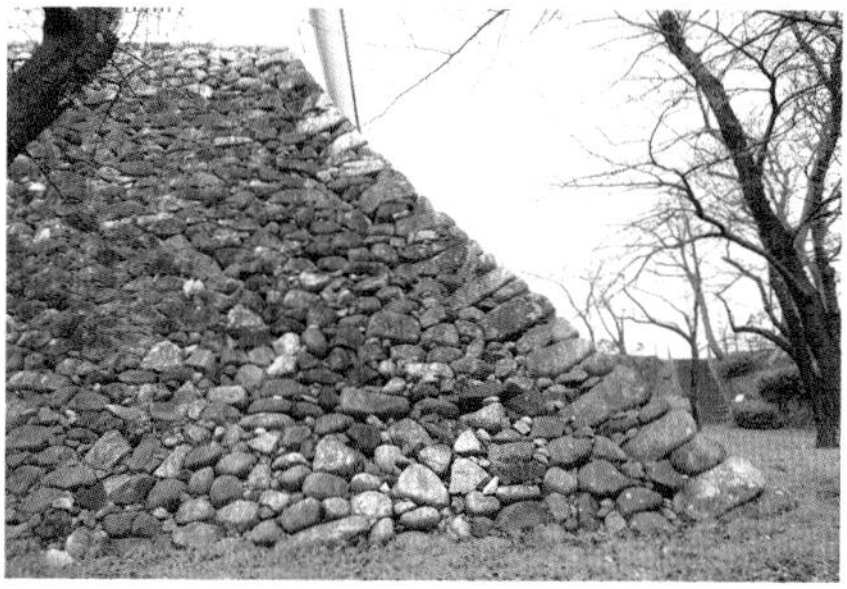

頂部にわずかな反りのある石垣
▲甲府城天守台
▼伊勢亀山城天守台　文禄（1592 〜 96）頃

足元から全体が反っている例がある。開いた扇の形、すなわち反り全体が円弧であるかのように見えるもので、それが俗にいう扇の勾配（弓法《ゆみのり》ともいう）である。その実例は極めて少なく、熊本城にもない。十八世紀前期の津和野城（島根県）人質櫓台などが実例で、概して築造年代も新しいものしかない。そうしたなか、福岡城天守台は例外的に古く、黒田長政が関ヶ原の戦いの直後に築いたものと考えられる。この天守台は勾配が四五度より緩い、全国一の緩勾配であるが、そのため足元から緩やかに反り上げて敵が登るのを防いだと考えられる。

▲強い反りのある石垣（熊本城小天守台）
慶長 14 年（1609）頃

▲美しい反りのある石垣（名古屋城本丸東南隅櫓台脇）
慶長 15 年（1610）

▲全体が反った石垣（福岡城天守台）
慶長 6 年（1601）頃

反りの作り方と効用

関ヶ原の戦い以前では、反りの付け方は石垣の上部のわずかな範囲においてその勾配を少しずつ急に（例えば石列の一段ごとに一分ずつ急に）するものだったと考えられる。そのような施工法では、反りは上部だけに限られるが、造形としては関ヶ原以降の石垣に引けを取らず美しい。その場合の反りの効用の一つは、天守台や櫓台の天端の整形だったようである。石垣の築造中において天端近くまで積み上がった際に、平面が歪んで狭くなりそうな隅部に反りを付けて外側に迫り出させて修正したと考えられる。

例えば、本丸の西北隅に突き出して築かれた広島城天守台では、東南隅だけが本丸内から立ち上がるため高さが低く、当時の石垣施工技術および測量技術では対応が難しかったようである。その結果、天守台平面が著しく歪んで東南隅が大きく突き出した不等辺四角形になってしまっている。その歪みを少しでも修正しようと試みたようで、東南隅では反りは頂部二石だけにわずかに付けられているが、他の隅部では上方五分の一に反りをつけて天端を外側に張り出させて天端を広くしようとしている。金沢藩の穴太後藤家に伝わる『唯子一人伝』によると、勾配だけで反りがないと、内方へすぼまり櫓・長屋《ながや》（多門櫓）の建て方に悪く、要害（防備）が大いに悪いと述べている。反りには天守台・櫓台を広げる効能もあったことが認識されていた。

関ヶ原の戦い以降になって石垣築造技術が飛躍的に向上すると、反りが普及していった。反りの最大の効

▲反りで天守台の広さの調整（広島城天守台）
右側は反りが強く、左側は反りがほとんどない

能は、石垣上部の勾配を強くすることで敵が登るのを阻止するためだったと考えられ、反りのある石垣が武《む》者返《しゃがえ》しと呼ばれる所以である。反りの作り方は、石垣の上部にいくにつれて勾配を規則的に強く変化させることによる。実際の築石の表面は直線的なので、反りは勾配が規則的に急になっていく折れ線が連続したものであり、それを遠くから眺めると一連の曲線に見えるのである。

ところで、『唯子一人伝』によると、勾配だけで築かれている部分を矩方《のりかた》（一般的には法《のり》という）といい、矩方の直線より外側に迫り出して反りを形成している部分を規合《のりあい》という。この矩方と規合の語源と考えられている規矩《きく》（規矩術）は大工用語で、直角を計る曲尺《かねじゃく》を用いて建築の様々な部位、特には建物の反り上がった軒（垂木）を設計することをいう。その規は、ぶんまわし、すなわちコンパスを意味し、矩は、直角定規（曲尺）を表し、建築設計の基本的道具である。中国の起源神話に登場する神、女媧《じょか》と伏羲《ふっき》はそれぞれ規と矩を持って世界を創造したとされる。この矩方と規合という石工用語によって、石垣の反りの作り方の一つを見てみよう。

矩方と規合

慶長の築城盛況期には石垣築造技術が日進月歩の発展を遂げ、慶長十年ころになると隅部の算木積が完成期を迎え、慶長十五年までには石垣の天端の歪みも劇的に少なくなった。それに載る天守や櫓の一階平面は歪んだ四角形から完全な矩形《くけい》へと変化した。それにと

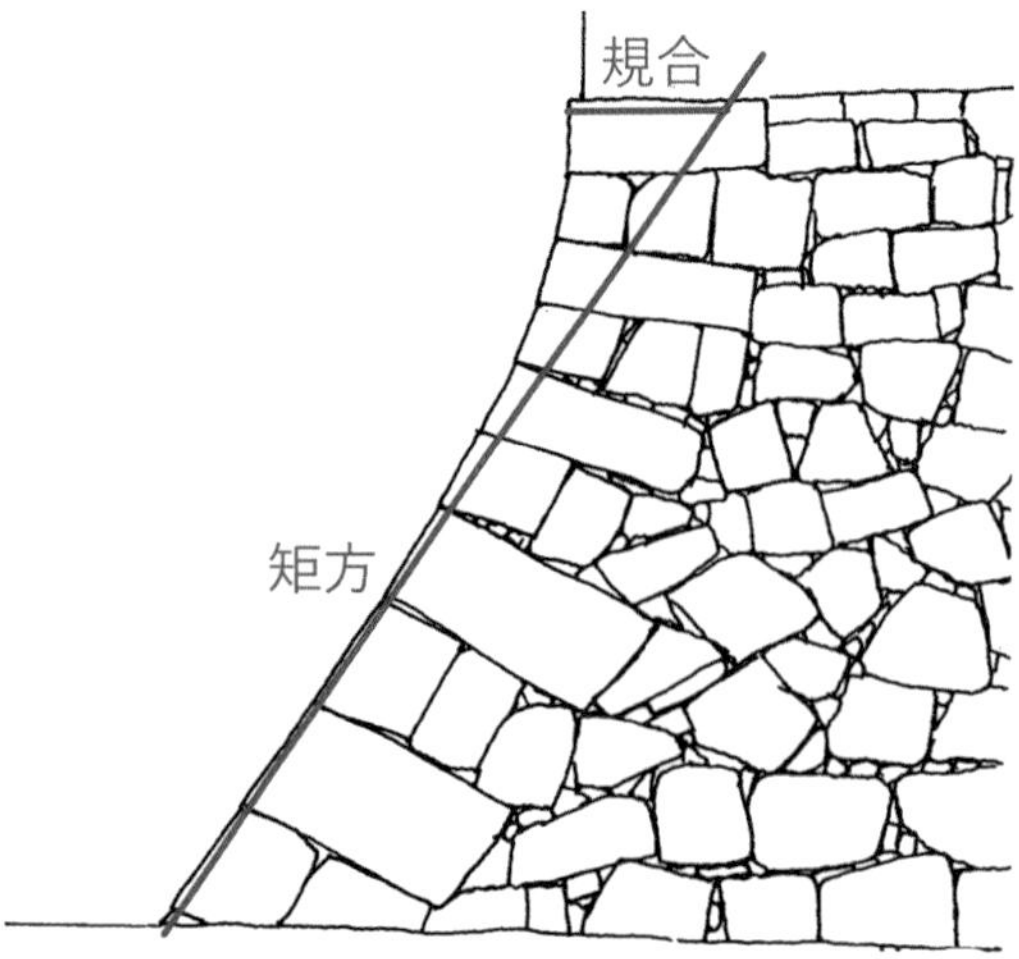

▲矩方と規合の模式図

もない天守や櫓の平面の厳密な大きさが台座石垣の築造前に決定されるようになった。台座の天端の大きさについては、一尺程度しか許容されない施工誤差範囲になったと言える。

それ以前に慶長九年までに築造された姫路城天守台（天守本体は慶長十三年の完成）では、南辺より北辺が二尺以上も長い台形平面である。慶長十二年に家康が建てた慶長度江戸城天守では、高さ八間の巨大な天守台を打込接で築いている。その天守台は天守一階平面よりかなり大きく造られており、その上に直に天守を建てることはせず、天守台上の隅に寄せて一回り小さく、高さ二間の切込接の台座石垣をさらに築き上げていた。高さ八間もあるような高大な天守台では築造誤差が大きくなって天端の平面が歪んだはずであり、その歪んだ一段目の天守台の隅に、歪みが生じない低い二段目の天守台を加え、この二段築造の工法によって天守一階平面の矩形を担保していたと考えられる。正確に石垣を築造できないために行った苦肉の策と言えよう。

石垣築造技術が向上して正確に矩形の高い台座を築造できるようになると、その上に載る天守や櫓の平面寸法が石垣築造前に厳密に決定されるようになった。それに伴い、反りによって天端が広くなる寸法をあらかじめ正確に計算せねばならなくなった。それまでのように単に勾配を少しずつ急にすることだけでは済まなくなったはずである。慶長の公儀普請において劇的に石垣築造技術が進歩発展し、慶長十五年の名古屋城築城までにはそのような反りに対する計算法が確立したと考えられる。

さて、『唯子一人伝』は江戸時代後期の文政七年（一八二四）に後藤彦三郎が著した技術書（秘伝書）であるが、その内容のうち矩方と規合については江戸時代前期の寛永（一六二四〜四四）頃に成立したものと北垣聰一郎氏は指摘している。『唯子一人伝』に記されている方法だけが唯一の反りの作り方とは言えないし、また慶長の築城盛況期における反りの技法は似て非なるものだったと考えられるが、反りの付け方の一例として紹介しておきたい。

まず、『唯子一人伝』では、石垣の足元より三分の一の高さから上方に反りを付けるとする。その反り始めの位置は一、二尺ぐらい上下に移動してもよいという。慶長十五年の名古屋城では下方から三分の二より上方、元和六年（一六二〇）の福山城や寛永五年（一六二八）の大坂城二の丸南面では下方から二分の一より上方であって、年代の下降に従って反りを付け始める位置が下方に移動して、石垣全体が曲線に近くなっていく。

次に反りのつけ方であるが、石垣の傾きが矩方であり、矩方によって鉛直面よりも水平方向に後退した長さである惣矩方《そうのりかた》を計算する。惣矩方は石垣の高さに勾配を乗じた値である。規合によって矩方の斜め線より外側へ突き出した総量である、石垣天端での規合を惣規合といい、惣規合は惣矩方の四分の一であるとしており、記述の場所によってはほぼ同じ値の秘法〇・二四を掛けると記す。

この値について、公儀普請やそれに準じる福山城での惣規合と比べると、名古屋城本丸が約〇・一三、福山城二の丸南面が〇・一一、大坂城二の丸南面が約〇・一九であって、〇・二四よりはるかに小さい。しかし、史上最大の高さをもつ寛永元年の大坂城本丸東面が〇・二六でほぼ同じ値である。すなわちその実際の比率は一様ではなく、個々で相違していた。

惣規合の比率はともかくとして、惣規合という概念を用いると反りによって水平方向へ張り出す寸法が容易に決定されるので、天守台や櫓台上の平面寸法を石垣築造前に厳密に計画しておくことが可能になった。その計画に従って、石垣の足元の位置や勾配・反りが決定できるようになったのである。

その計算方法は、次のようになる。石垣の予定高さに勾配を乗じて惣矩方を計算し、その惣矩方の四分の一（あるいは秘法の比率〇・二四を乗じた値）を惣規合とする。築造される石垣の足元の位置（すなわち根《ね》石《いし》の位置）は、天守台や櫓台の天端の計画位置を基準にして、惣矩方から惣規合を減じた寸法だけ外側に出ると簡単に決定できるのである。

『唯子一人伝』では反りは高さの三分の一の位置から付け始める。そこから上方の三分の二の高さを等分割し、その分割点ごとに一定の値で勾配を急にして規合を付けていき、最終的に天端に至った時に惣規合の寸法だけ外側へ石垣が張り出すように計算する。勾配を急にしていく一定の値さえ算出すればよく、これは単純な掛け算と足し算の算数であった。

この方法が確立する以前では、等分割点ごとに急勾配にしていく一定の値を先に決めてしまい、その値に

公儀普請系の石垣の反り
▲ 大坂城本丸東面
◀ 二の丸南面
▶ 福山城二の丸南面

◀ 金沢城の石垣の反り（金沢城石川門）
反り始めが下方からで反りが強い

よって掛け算と足し算によって惣規合を算出したものと考えられる。その一定の値を決めるには、図上において様々な値で試行錯誤を繰り返して美しい反りを追求する必要があったと思われる。おそらくそのような稚拙な反りの決定方法は、整ってはいるが膠着した『唯子一人伝』のような方式より石工個人の審美眼と創造力が発揮されるので、より美しい反りを求めることができたのではなかろうか。また、それによって反りの緩急の差異が生まれ、城ごとあるいは部位ごとに個性的であり芸術的でもある反りが形成されたものと考えられる。

同様な状況は社寺や書院の建築における大工技術でも起こっている。室町時代末までは大工（今日の大工棟梁に相当）の経験によって建築が造られていたが、安土桃山時代になって大工が子孫のために自己の技術を文字で記した秘伝の木割書《きわりしょ》を残すようになった。やがて各部の設計法が体系化され、江戸時代には遂に木割書の類が多く出版された。しかし、木割書に頼るような大工は技量的に劣っていたと考えられる。

『唯子一人伝』の例題

『唯子一人伝』では、規合を付けるために勾配を急にしていく一定の値（この項では便宜的に「一定値」と記す）の求め方について、一般的な計算方法を解説していない。図を用いて詳しく解説しないと理解できないような煩雑なものなので、一般的な計算方法を記す代わりに「規合わり付（割付け）様之事」として例題を挙げて計算方法を示している。同書の説明は分かりにくいが単純化すれば、勾配を徐々に急にする「一定値」の求め方の例題である。文字にて記すと難解に感じられるが、数学的には比較的に単純な計算方法である。それでも、反りを石垣築造前に決定する方法は、当時の門外漢にすれば崇高な秘伝と実感されたであろう。もちろん「規合わり付様之事」は秘密にて他人が知らないことと記している。なお、『唯子一人伝』では勾配を建築工事と同様に一尺につき何寸何分と記しているが、紛らわしいので、石垣工事で多く使われている何分何厘(勾配)に改めておく。ただし、これは『唯子一人伝』での規合の決定方法であって、日本城郭の石垣全般に通じるものではないことを念頭においていただきたい。

この例題は、高さ三間（ここでは一間を六尺としているので一八尺、約五・四五メートル）、矩方を一分五厘（勾配〇・一五）と仮定している。

最初に、高さ一八尺に矩方すなわち勾配〇・一五を掛けて惣矩方を二・七尺と計算する。それを四分の一にして（例題では秘法〇・二四を掛けて）惣規合を〇・六五尺と算出する。惣矩方二・七尺より惣規合〇・六五尺を差し引いた二・〇五尺（六二センチメートル）だけ、計画した石垣の天端から出たところが石垣の根石の位置だと決まる。

高さ一八尺の下から三分の一の六尺は反りが付かない矩方のみで、その上方一二尺に規合が付くことになる。その一二尺を六等分した高さ二尺ごとの区画（便宜的に下から頂部まで第一区画から第六区画とする）を設けて、区画ごとに勾配を「一定値」ずつ急にしていく。

その第一区画（高さ六尺の点）で「一定値」急になった斜線はその上の六区画分で矩方の斜線から外側に張り出す規合になる。同様に第二区画でさらに「一定値」急になった斜線は、第一区画による斜線よりも五区画分で外に張り出す。同様にして第三区画の斜線は四区画分、第四区画は三区画分、第五区画は二区画分、第六区画は一区画分張り出す規合になるので、合計二一区画分の張り出しが惣規合となる。この二一で惣規合の〇・六五尺を割ると約〇・〇三尺となる。二尺につき〇・〇三尺なので、〇・〇三を二で割って、〇・〇一五（一厘五毛）という勾配を変化させる「一定値」が得られる。

以上によって第一区画（下から高さ六尺）は矩方一分五厘（〇・一五）から「一定値」一厘五毛（勾配〇・〇一五）を減じた一分三厘五毛（勾配〇・一三五）、第二区画（下から高さ八尺）は「一定値」をさらに減じて一分二厘（勾配〇・一二）、第三区画（下から高さ一〇尺）は一分五毛（勾配〇・一〇五）となる。『唯子一人伝』の例題の解では、上方にいくと計算値とは一致しなくなるが、それは割り算の端数処理（〇・六五尺を二一で割ると、実際は〇・〇三〇九五尺）によって生じた誤差調整が行われているからである。特に最頂部の第五・六区画になると、端数処理による誤差を惣規合に一致させるために強引な調整が行われているが、計算値と例題の解との寸法誤差は第六区画において水平方向である規合で二センチメートル未満にすぎない。

区画	計算上の勾配	『唯子一人伝』記載の解
下方三分の一	〇・一五	〇・一五
第一（下から高さ六尺）	〇・一三五	〇・一三五
第二（下から高さ八尺）	〇・一二	〇・一二
第三（下から高さ一〇尺）	〇・一〇五	〇・一〇七
第四（下から高さ一二尺）	〇・〇九	〇・〇八七
第五（下から高さ一四尺）	〇・〇七五	〇・〇五七
第六（下から高さ一六尺）	〇・〇六	〇・〇二七

『唯子一人伝』に挙げてある別の例題では、特別に高い石垣の場合においては、惣矩方に対する惣規合の比率は、四分の一あるいは秘法〇・二四ではなく、少し小さい値が提示されている。同書の「のり合割増様秘密之事」によると、高さ九丈（九〇尺、約二七メートル）の石垣では勾配〇・五、惣矩方四五尺、惣規合

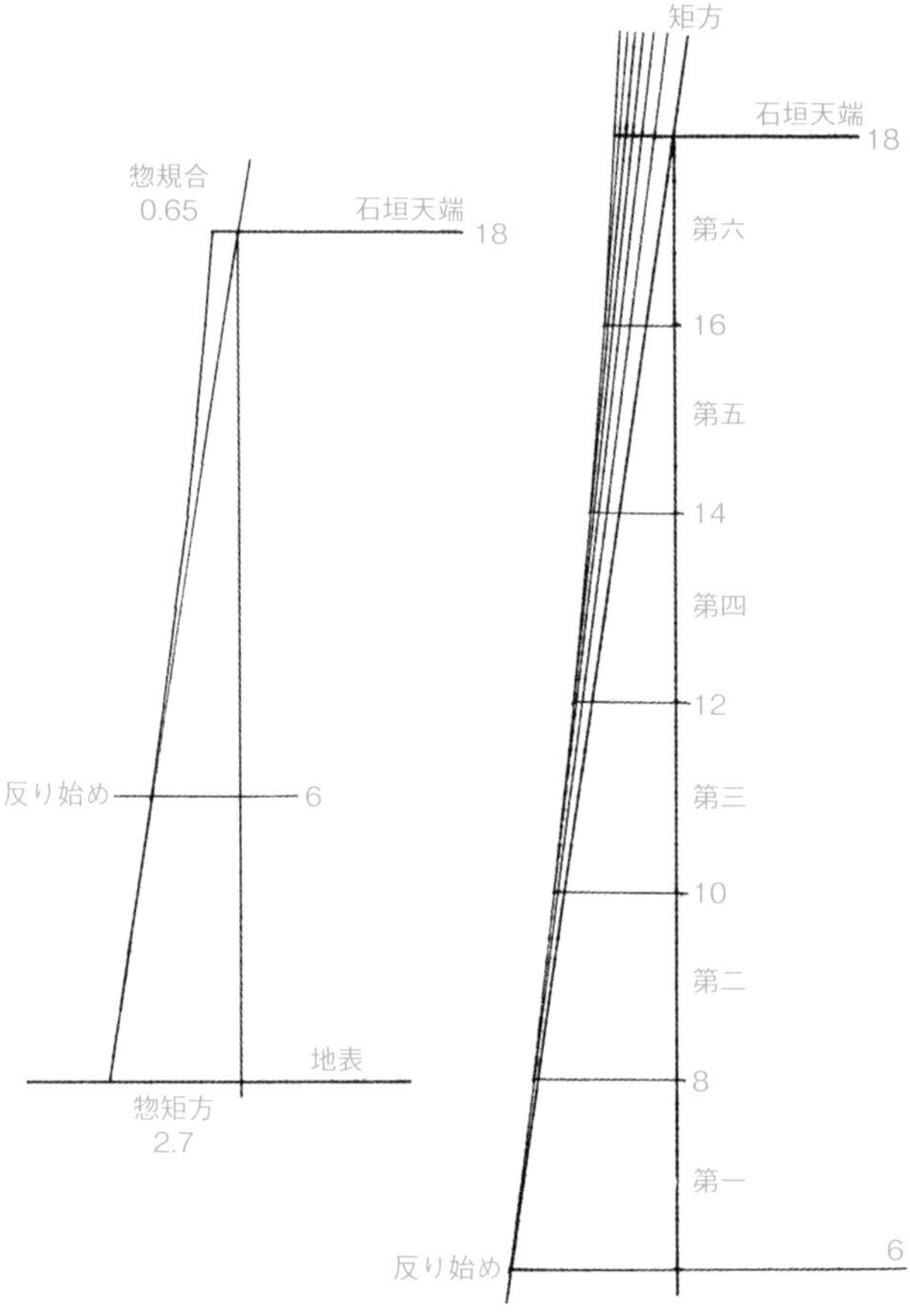

▲『唯子一人伝』の例題の説明図（単位：尺）

九尺とし、比率は〇・二である。高さ六丈（六〇尺、約一八メートル）の石垣では勾配〇・四、惣矩方二四尺、惣規合五・六尺とし、比率は〇・二三である。これらの比率が同書における秘法、すなわち後藤家に伝わった経験則である。ただし、高さ九丈の石垣の実例は伊賀上野城や大坂城本丸東面など稀であるが、その勾配の〇・五すなわち約六三度は大坂城本丸東面の石垣の勾配〇・四六より緩く、惣規合の秘法〇・二は勾配が緩い（惣矩方が大きくなる）ため大坂城の比率〇・二六よりかなり小さい。したがって、公儀普請の例には合わないのである。

雨落し

荻生徂徠の『鈐録』には「雨をとし（雨落し）」という技法が記されている。雨落しとは、石垣の頂部で鉛直に積まれている部位のことである。切込接で上部四分の一、打込接で上部五分の一を勾配ではなく鉛直にするとしており、野面では頂部の一石すなわち天端石のみを雨落しとする。

天端石のみを鉛直に積むことは野面に限らず打込接・切込接でも通常に行われていることである。しかし、上部の四分の一や五分の一というような大々的に鉛直に積む実例は少ない。慶長九年（一六〇四）頃に普請された萩城（山口県）天守台では、下方二分の一まではほぼ四五度の緩い勾配で立ち上がり、そこから反りを付け始め、頂部二石は雨落しと言える。

特筆すべきは天明三年（一七八三）に築造された挙《ころ》母《も》城（七州城、愛知県豊田市）本丸櫓台である。この石垣は切込接で、上部二分の一ほどは垂直な雨落しとなり、下部半分は緩い勾配であって、その中間にある隅石四石で急激に折り曲げている。それに先立って寛延二年（一七四九）に築かれた挙母城（桜城）櫓台は上部四分の一ほどが雨落しとなっており、挙母藩では積極的に雨落しを導入したようである。江戸時代後期になって軍学書に記された紙上の工法が実施された可能性がある。

その一方、熊本城では関ヶ原以前の慶長三、四年頃の築造と考えられる天守台や本丸北面中央の出隅（御《お》肴《さかな》部屋《べや》櫓台）などの石垣は、下方は極めて緩い勾配であって上方五分の一ほどに極めて強い反りが付けられており、熊本城における反りの始まり、あるいは雨

最上部だけの雨落し
◀ 頂部二石程度（萩城天守台）
▶ 頂部二石（大坂城二の丸）

強い雨落し　切込接
◀ 挙母城七州城本丸
▶ 玖島城板敷櫓台（長崎県大村市）

▲天守台

▲小天守台

▲小広間西三階櫓台

▲熊本城本丸御肴部屋櫓台

▲竹の丸五階櫓台

熊本城の雨落し
（熊本地震被災前）

落しの原型とも言える。そして慶長十四年頃と考えられる小天守台や本丸西南隅の小広間西三階櫓台（通称二様の石垣の手前側）は下方の勾配も急であり、上部四分の一ほどはほぼ垂直に築かれており、典型的な雨落しの古例とも言える。熊本城に残る雨落しのような石垣は、下方の勾配部分から上部のいわば雨落しへの勾配の変化が急激なこと（これを「扇の勾配」や「清《せい》正公流《しょうこうりゅう》」と言っている）に注目すべきで、徐々に勾配を急にして形成される一般的な反りをもつ石垣とは築造理念が全く異質であると言える。熊本城内に残る石垣は、試行錯誤あるいは実験的といえる例が混在しており、石垣の発展経過を考える上で貴重な資料となる。

なお、熊本城竹の丸五階櫓台の石垣は、明治期に上部が崩れ、その雨落し部分は稚拙に積み直されていた（近年の熊本地震で再度崩壊）。この例からすれば、高い石垣の頂部に垂直にそそり立つ雨落しは、構造的に地震に対して脆弱であることが明らかである。

また、反りはあっても雨落しがない石垣を宮勾配《みやこうばい》、反りの頂部に雨落しのある石垣を寺勾配ともいう。俗にいう扇の勾配は宮勾配あるいは寺勾配《てらこうばい》とも言われていて、定義が乱れており今日では使われない用語である。

逆反り

雨落しをさらに急勾配として、逆に反り返った石垣もある。逆反り（規返《のりがえ》しともいう）なので敵が登ることをほぼ絶対的に阻止できるが、石垣の頂部が極めて不安定となるので、地震に対しては甚だ危険である。また、その石垣の天端に櫓や土塀などの重量物を載せると、その壁体の重量が外側に持ち出されるため崩れ落ちてしまう不安定な構造である。よって石垣の上には原則的に何も設けられないが、逆反りなので敵が登ることは想定されていない。しかし、城郭においては、石垣は敵の侵入を防ぐだけではなく、櫓や土塀といった防御施設を載せる役割が重視されるので、逆反りは普及することはなかった。

逆反り石垣の築造年代は江戸時代後期である。実例は岩村城（岐阜県恵那市）追手門内や麓の居館、天保四年（一八三三）頃の築造の涌谷要害《わくやようがい》（宮城県涌谷町）太鼓櫓台などわずかである。なお、近代の社寺の石垣では逆反りは散見される。

逆反り
◀ 岩村城追手門内
▶ 涌谷要害太鼓櫓台

第二節　隅部の技法

非算木積と痩せ石垣

石垣の隅部は天守や櫓が載る重要部位であり、上手に築けば石垣の強度が大いに高まり、下手に築くと地震や水害で崩壊しやすくなる。慶長の築城盛況期の真っただ中の慶長十年（一六〇五）頃に隅部の絶対的な築造法である算木積が完成期を迎えたことは既に述べた通りである。まず、算木積完成以前の非算木積についいて詳しく述べたい。

十六世紀中期に築かれた高さ三メートル以下の初期の石垣は、一般的に鉛直に近い急勾配で反りが全くない。その多くは切岸の土留めとして積み上げられたものである。高さが低く、切岸《きりぎし》のいわば貼り石なので、裏込がない例が多くあると考えられ、近世城郭の石垣とは様相が大きく異なる。そのうち最初期の隅部をもつ例である飯盛城（大阪府四条畷市）では、一人で持ち上げられるような小さな石を積み上げただけで、隅石の面も明瞭でない。すなわち後の城郭石垣の隅部とは比較できないような原初的な例である。その隅石は他の平石より大き目で平たい石ではあるが、隅部の角《かど》（隅部の稜線）を挟んだ両側に面をもたない不整形な形状であって、それをほぼ垂直に積み上げている。

年代が下降し、石垣の高さが飛躍的に拡大して一〇メートルを超えるようになり、それに伴って強度が求められた隅石が巨大化し、そして高い石垣の地震対策のために緩い勾配が付けられるようになって、本格的な近世城郭の石垣の隅部が成立した。それは天正四年（一五七六）の安土城の築城の頃であるが、安土城では石垣のほとんどの屈曲部が鈍角の鎬隅《しのぎすみ》なので、まだ後述するような問題は生じていない。

しかし、勾配が緩く、かつほぼ直角に屈曲する隅部が多用されるようになると、三次元図形の深刻な問題が生じる。初期の隅部においては、隅石には座りがよい直方体に近い平たい石材が選ばれ、外側へ滑り出さないように隅石の尻を下げて、すなわちほぼ直方体の隅石を石垣の内側に向け傾けて据えられた。すると、隅部を水平面で見た角度が直角より小さくなってしまうのである。これを痩《や》せるという。

平たい直方体の箱を選んで、その上面の一つの頂点を自分の方に向けて持ち、その頂点を下げて傾け、真上から対角線の反対側の頂点を見ると、平行四辺形や菱形に見える。そうした三次元図形の原理によって、角《かど》がほぼ直角な平たい隅石を傾けて積むと、その角は真上から見て鋭角になる。角が鋭角になった結果、隅石の尻が平石の面より陥没したり隅石全体が突出したりしてしまい、いずれにしても隅石の尻のところで石垣面に折れができてしまうのである。

隅石が痩せることから生じる石垣面の折れを美しく見せるために、次のような三様の試行錯誤がなされている。①隅石の稜線部を平石の面に合わせる、したがって隅石の両側の尻が平石より陥没して段差ができる（熊本城本丸東三階櫓台など）、②隅石の両側の尻を平石に合わせる、したがっ

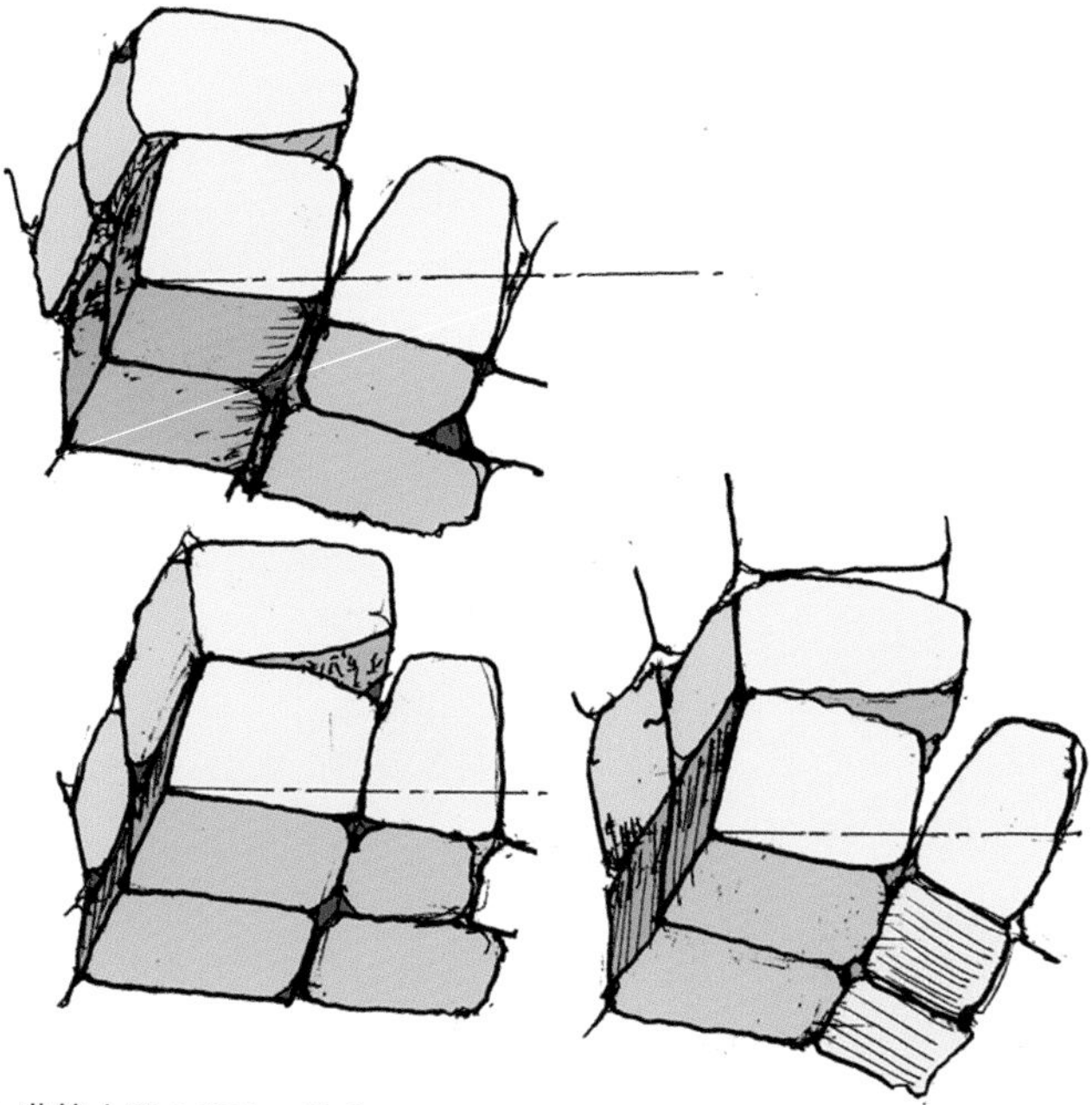

▲非算木積の痩せの模式図
（左上）隅石の両側が痩せる、（右下）隅石が尖って突き出す、（左下）隅石の片側が尖る

熊本城の痩せた非算木積

◀ 隅石の尻が陥没して段差ができる（本丸東三階櫓台）

▼ 隅石が突出する（熊本城本丸小広間西三階櫓台奥側）

痩せた非算木積

▼ 徳島城本丸

▶ 会津若松城天守台

て隅石が尖って平石より突出する（熊本城天守台・本丸小広間西三階櫓台奥側など）。③隅石の片側の面を平石と合わせ、もう一方の面を平石より突出させる。

熊本城における非算木積の例は、関ヶ原の戦いの直前の慶長三、四年（一五九八、九九）頃に茶臼山《ちゃうすやま》に城地を移転させて新規に築城を始めた時期のものと考えられ、本丸に集中して見られる。熊本城では、引き続き関ヶ原以降に導入された算木積においても隅石が痩せることに対して試行錯誤がなされており、非算木積から算木積への発展過程を詳しく知る上で最も重要な資料となる。

熊本城以外でも算木積が導入される前の石垣では、三次元図形の問題で隅石が痩せるのが当然であった。天正末期から文禄頃（一五九〇年代）の徳島城本丸や同時期の会津若松城（福島県）天守台、慶長元年（一五九六）頃の三原城（広島県）天守台南西隅など全国各地で痩せた非算木積が見られる。

隅石が痩せないようにするには、隅石の角を直角ではなく鈍角にする、すなわち上から見て角が鈍角になるように菱形や平行四辺形の隅石を用いるか、あるいは隅石を傾けずに水平に据えるかである。前者については、自然石を用いた野面では適切な形状の隅石がほとんど入手できない。熊本城のような打込接では、隅石の角を直角に割ることは容易であるが鈍角に割るのはやや困難であり、また鈍角に割るとしても勾配によってその角度は変わり、それを計算することは不可

隅部の巨石
◀ 三原城天守台南西隅
▶ 熊本城本丸東三階櫓台

能であった。また後者では、隅石の角を後述するように丁寧に台形に成形せねばならず、いずれにしても容易なことではなかった。

隅部の巨石

非算木積の場合では、隅部の強度を増すために隅石として巨石を用いることが珍しくない。巨石の使い方は、ほとんどの例で縦に用いている。城門脇の低い石垣を除けば、石垣の最下段には用いられず、比較的に低い位置に据えている。巨石は重いので高い位置には上げられない。また縦に使われた巨石は底面積が小さいので、最下段では地盤へのめり込みの恐れがあるからだ。

巨石を縦に隅石として用いた場合でも、その角は直角になってしまうのが普通なので、勾配が緩い石垣では当然に隅が痩せてしまう。巨石の場合では、片面を平石の面に合わせ、もう片方の面は痩せて隣り合う平石の面から陥没することが多い。巨石の使用例は、城門脇を除いても、会津若松城天守台、三原城天守台南西隅、熊本城本丸東三階櫓台、姫路城菱の門東方など多くの例がある。

緩い勾配と台形成形

関ヶ原の戦い以前には緩い勾配の石垣が多く、歩いて登られそうな四五度程度の勾配の石垣も珍しくない。特に大重量を支える天守台石垣は緩勾配の例が多く、関ヶ原以降の築造でも福岡城や萩城（山口県）の天守台は緩勾配の代表例である。

関ヶ原以前の緩勾配の石垣は、もちろん非算木積である。その隅石は尻を下げるので通常はひどく痩せてしまうが、一部の例では隅石の尻をあまり下げておらず、結果的に全く痩せていない。しかし、尻を下げないと今度はより深刻な問題が生じるのである。

隅石は自然石であろうと割石であろうと、凹凸や丸みや歪みがあるとしても大雑把に見れば平たい直方体に近い形状である。そのような直方体の石材を使ってあまり尻を下げないで勾配に沿って斜めに積み上げると、ピラミッドの隅部のように階段状になってしまう。その階段状の出っ張りを勾配に沿って斜めに削り取って隅部を形成しなければならない。そして、成形後の

▲広島城天守台

▲岡山城天守台

▲丹波亀山城本丸月見櫓台

▲吉田城本丸鉄櫓台

▲赤穂城二の丸櫓台

台形成形の隅石

隅石を横から見ると、先端が台形になっている。
そうした実例は少なくない。近江八幡山城（滋賀県）本丸、広島城天守台、岡山城天守台、丹波亀山城（京都府亀岡市）本丸月見櫓台、吉田城（愛知県豊橋市）鉄《くろがね》櫓（天守）台、宇和島城（愛媛県）藤兵衛丸《とうべえまる》といった天正後期から慶長五年の関ヶ原の戦いまでの全国の城で見られる。

関ヶ原以降になって算木積が急速に発展すると、勾配にほぼ直交させて隅石の尻を下げるのが普遍化して、台形成形の隅石は急速に使われなくなった。関ヶ原以降になって勾配が急な石垣が増加し、それに直交させて隅石の尻を下げると隅石が程よい角度になることも影響されたようである。関ヶ原以前に多い四五度（勾配一・〇）ほどの緩い勾配では、それに直交させると隅石の尻が四五度方向に下がってしまい、ほぼ構築不能になるからだ。

台形成形の隅石は十七世紀中期以降になるとほぼ姿を消すが、極めて大きな築石を使用した切込接において隅石も含めて完全な布積にした石垣では命脈を保っている。平石の布積の石列をそのまま隅石まで続けると隅部が乱れずに美しく収まるので、あえて隅石の尻を全く下げずに水平に置き、角を台形に仕上げるものである。隅石の尻を下げると平石との接続部で石列が大きく乱れるが、それを嫌った単純明快な意匠であって、従来の石垣にはない斬新でモダンな趣を与えている。実例は巨石をふんだんに使った江戸城の十七世紀中期以降の石垣に見られる。

その一方、築造年代が古くて勾配が特に緩い石垣を

▲下部だけを台形成形した隅石（高松城天守台）
積み直し前

▲切込接布積の台形成形の隅石
（江戸城二の丸下乗門）

後世になって積み直した場合では、勾配に合わせて隅石の尻を下げるわけにはいかず、少しだけ尻を下げた算木積としている。そのため隅石は台形に成形しなければならなかった。その好例が高島城（長野県諏訪市）天守台であって、隙間が全くない見事な切込接の算木積と台形成形という年代観が全く異なる要素が共存しており、他に類のない独自性を見せている。

算木積の痩せ石垣

算木積は長大な隅石とそれに挟まれる隅脇石を一体化して崩れにくくするもので、隅部を強固に構築する唯一の工法だった。初期の野面しかない時期においては、算木積に使う棒状の野石《のいし》がほとんど見つからず、したがって応用できにくかった。しかし、偶然に長大な石材が入手できた場合には、それを隅石として長短交互に積み上げていくことぐらいは教えられなくとも容易に発想できることで、最初期の石垣をもつ観音寺城（滋賀県近江八幡市）において早くも創始されている。関ヶ原の戦い以前においても、長大な石材が入手できた際には算木積が応用されたが、実例は多くなく、応用は散発的・偶発的であった。

関ヶ原以後の慶長の築城盛況期になって樵石《こりいし》が大量に使われるようになると、長大な隅石の入手が容易になって、打込接の隅部で算木積が急速に普遍化した。それにともない非算木積で生じていた隅石が痩せるという現象が顕在化した。長大な隅石を使うので、隅石の痩せ具合が一層目立つようになったのである。

慶長十年（一六〇五）を過ぎる頃になると、隅石の規格化が進み、長辺は短辺の二倍以上となり、隅石の成《せい》が統一されて算木積の一応の（完璧ではないが）完成期を迎えた。その時期になると、隅石が痩せないように構築する技術もしだいに広まっていった。その原

▲垂直な石垣での隅石の尻の下がり
（飫肥城追手門）

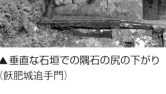

理は単純であって、隅石の稜線を挟む二面がなす角度を直角ではなく、鈍角に成形することだけである。

　勾配によってその値は変化するが、概ね一〇〇〜一二〇度であって、直角よりかなり広い。例えば石垣の傾き六〇度（勾配約〇・五八）の場合では、隅石の上面の角は約一〇五度に広げる必要があった。逆に言えば、上面の角が九〇度の隅石を使うと、一五度ほど短辺が痩せることになる。

　勾配が緩くなるほど隅石上面の角度は大きくなるが、その正確な角度を知るには高等な三次元図形の理解が不可欠である。しかし、数学的あるいは図学的にそれを求めるのは極めて難題であって、和算学者は別として当時の職人の知識では不可能だった。そこで、木や粘土で模型を作製して角度を測るか、実際の石垣築造の試行錯誤によって得られた経験則（秘伝といわれる）に基づくか、あるいは勘に頼って大まかな鈍角に粗成形し、積み上げた後に修正削りをするしか術がなかった。積み上げ後の修正削りは、その痕跡が各地で見つかる。もちろん城門脇などのほぼ垂直な石垣では、隅石の尻を下げない（例外は飫肥城（宮崎県）追手門など）ので、痩せることは全くない。

　その時期には隅部を切込接とする例も広まったが、切込接では隅石が痩せるとさらに目立って見苦しいの

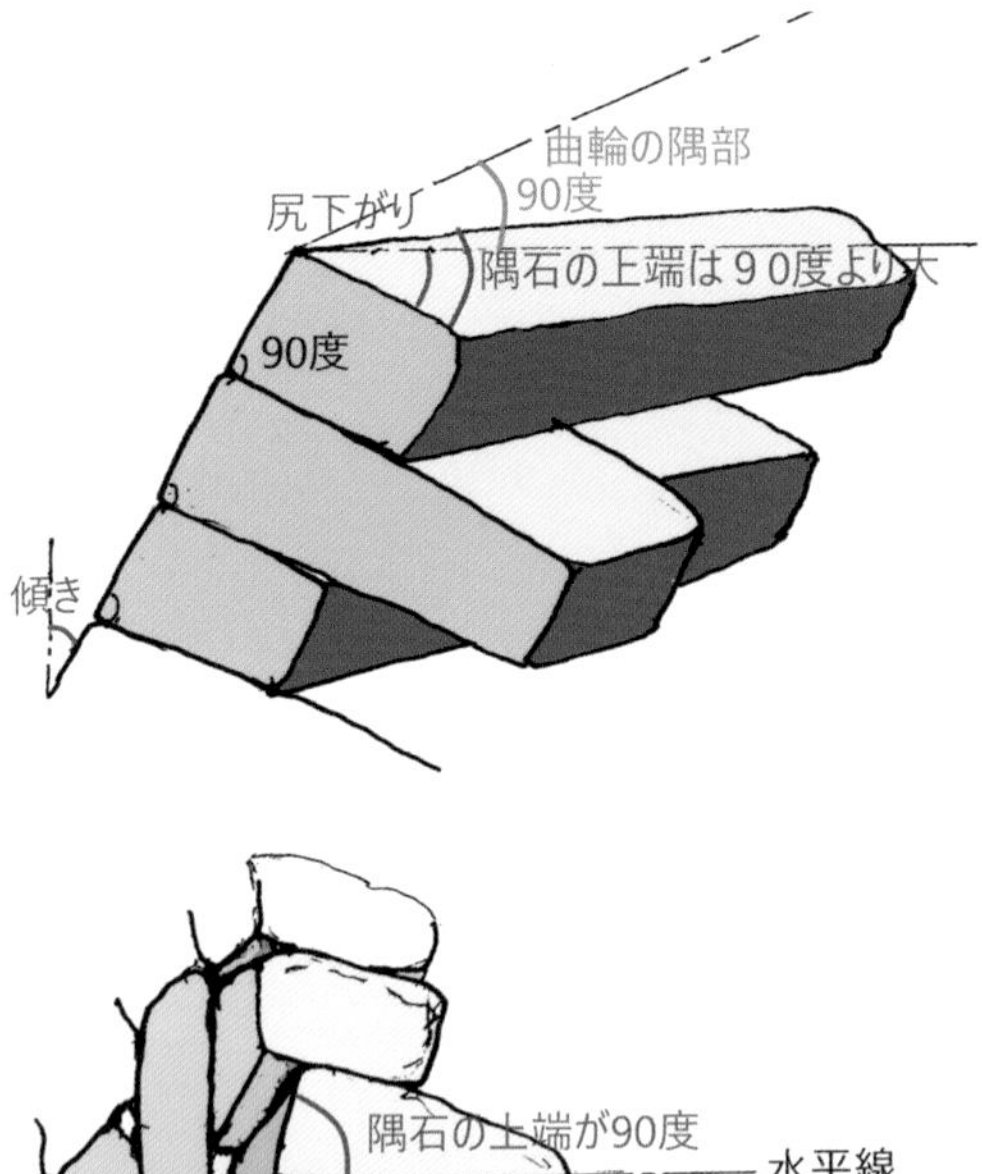

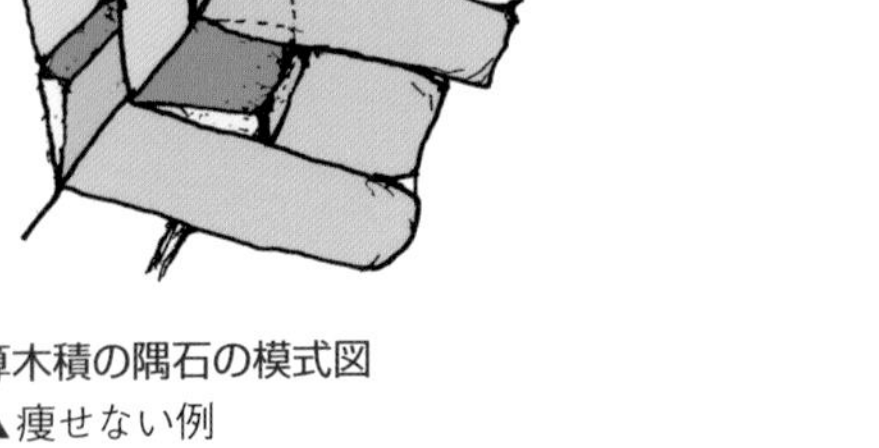

算木積の隅石の模式図
▲痩せない例
▼痩せた例

算木積の痩せ状況
▶米子城天守台
▲彦根城太鼓門下
◀福岡城本丸武具櫓台

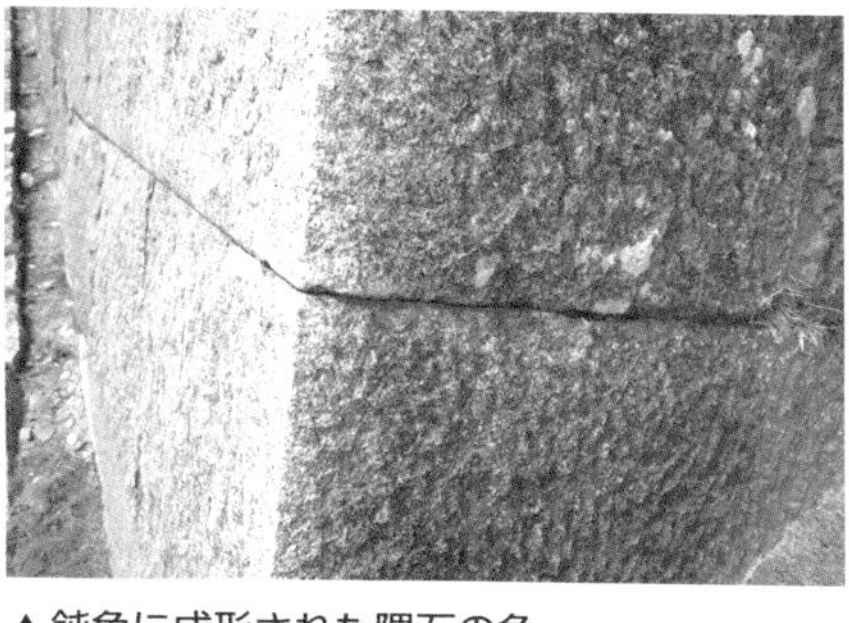

▲鈍角に成形された隅石の角
（福山城伏見櫓台）

▲切込接の隅石の痩せ
（福山城二の丸）

▲熊本城北十八間櫓台

▲熊本城平櫓台

▲熊本城宇土櫓台

▲名古屋城天守台

▲八代城本丸

加藤家による算木積の隅石の痩せ

で、痩せない算木積が普遍化する原動力となった。なお、切込接の隅石においても、元和期になってさえ短辺がやや痩せた例が多々見られ、この隅石の鈍角成形は、実務上では極めて高度な技術あるいは手間の掛かる工法だったのである。

算木積での隅石の痩せた状況は、慶長の築城盛況期に築造された全国各地の城で見られる。特に熊本城では、非算木積に続いて算木積においても隅石の痩せさせ方の試行錯誤がなされており、①長辺の面を平石の面に合わせて、短辺を痩せさせる、②長辺と短辺の両方を均等に痩せさせる、といった二種が見られる。加藤清正が慶長十五年に築いた名古屋城天守台の下部（上部は十八世紀中期までに損傷が著しくなったので、尾張徳川家によって完全に積み替えられている）でも少し隅石が痩せているので、清正の存命中には加藤家では隅石の痩せを克服できなかったことが分かる。それどころか清正の子忠広が元和五年（一六一九）に着工した八代城（熊本県）の隅石でさえ少し痩せたところがあり、そもそも加藤家では痩せを完全克服する気がなかったようである。

◀角度調整された隅石（江戸城本丸白鳥堀）慶長 11 年（1606）

▲角度調整がほとんどない隅石（名古屋城本丸）慶長 15 年に池田輝政が築造

▲大きな角度調整が残る隅石（名古屋城天守台）慶長 15 年に加藤清正が築造

結論を述べると、隅石が痩せない完璧な算木積の概ねの完成時期は慶長十五年の名古屋城の公儀普請の辺りだったと考えられる。もちろん地方によって、あるいは大名によって、石材の種類によって、当該石垣の重要度など様々な条件によって、その時期を断定できないのは当然であって、江戸時代後期になっても痩せた隅石は散見されるのである。

隅石の角度調整

完成期の算木積では、隅石の二つの面の角度が勾配通りに合わせられており、上下の隅石どうしに隙間はあまりない。ところが算木積の発展過程においては、飼石《かいいし》を隅石の面《つら》側に詰め込んで、角度を調整した例が多く見られる。その飼石は合石《あいいし》のようにも見えるが、面の角度を調整するために入れられたものか、あるいは隅石の隙間を埋めただけのものかを見極めることでほぼ区別できる。慶長十一年（一六〇六）に行われた江戸城本丸石

隅石の角度調整
◀ 小倉城天守台
▲ 高松城本丸
▼ 赤穂城本丸

垣の公儀普請でも、隅石の面の角度調整が万遍なく行われている。慶長十四年の公儀普請である丹波篠山城本丸でも角度調整が少し見られ、同十五年の名古屋城で漸く角度調整がほぼなくなる。ただし、加藤清正が築いた天守台石垣では、隅石に大きな角度調整が依然として行われており、その当時の加藤家の石垣築造技術は必ずしも進んでいたとは言えない。

なお、隅石の角度調整は非算木積でも行われているが、算木積の場合ほど目立たない。

その角度調整の仕方は、大まかに成形した隅石の長辺の面を勾配に合わせるために、短辺側の尻に細長く三角形に飼石を入れて長辺の面を起こす（勾配を急にする）ことが多い。石垣築造では、面を起こして勾配に合わせるのが基本であるが、逆に長辺側の面が急過ぎた場合は、長辺側の下に一列に薄く飼石を入れて面を後方へ寝かす（勾配を緩くする）ことも稀に行われた。一般的には隅石の角度調整が行われて頂部まで積み上げた後に、隅石全体の表面の化粧削りが行われた。

なお、年代がいくら下降しても調達した隅石の面の角度が不適切だった場合には、角度調整が行われている。よって角度調整の有無だけでは築造年代は判定できない。繰り返し述べるが、石垣の進化発展の目安として挙げた種々の要素については、その一つだけでは、普遍的な完成年代や変化年代を断定できない。複数の要素を考え合わせて初めて石垣の築造年代が判定できるのである。

隅石の成形方法

隅部が打込接あるいは野面の場合は、よほど不整形な隅石は玄能で突出部を叩き落とす荒仕上げがなされたと考えられるが、鑿を使った精緻な成形は行われないのが一般的であった。そのため隅石が痩せたり平石との境に折れができたりするのは、むしろ当然のことであった。

隅石の面の勾配を平石の面と完全にすり合わせて、折れや痩せが生じないように成形することは、慶長十五年頃には確立した。その方法は、隅石の角を痩せ防止のために九〇度以上の鈍角に粗成形したものを頂部まで積み上げ、その後にまとめて表面に化粧削りを施して隅石を成形する方法である。その粗成形の際に、上下に重なる隅石どうしの合端を削って密着させることが一般化した。打込接の石垣でも隅部だけを切込接にした例が多いのは、そのような隅石の成形が行われていたことと関連する。ただし、そのような方法はかなり以前から行われていたと考えられ、それが慶長十五年頃に広く普及し一般化したもののようである。先述した隅石の台形成形は、早期における成形の例であって、広島城天守台では、天正末期に既に丁寧な化粧削りが行われている。

　隅石の化粧削りの方法も一様ではないが、年代がやや下降して切込接の隅部が普遍化した後になると、より正確な隅石の成形が行われるようになった。隅石の面を二つとも瘤《こぶ》のついたままの荒仕上げにしておき、頂部まで積み上げ後に隅石の角の稜線を一気に削り出し、それを定規として二つの面を削り出す方法である。城の裏側などの目立たない部位において、粗成形のままの隅部が残っていたり、隅石の稜線だけが削り出され、面は大きく稜線から瘤状に張り出したままの未成形な例が見つかったりすることから、この成形方法が行われていたのが分かる。荒仕上げの隅石を積み上げ

未成形なままの隅部
▶ 高取城
▼ 丸亀城

▲稜線を削り込んだだけの半分作りの隅部（丸亀城）

たままで化粧削りを施していない例は高取《たかとり》城（奈良県）や丸亀城（香川県）に残る。また、福山城（広島県）や丸亀城の目立たない部位などに、稜線を削っただけで面を仕上げていない隅石が残っているが、もちろんそうした実例は珍しい。

◀ 仕上げ削りの終わった隅部（丸亀城）

隅部の稜線
◀ 著しく歪んだ例（松代城天守台）
▲ 少し歪んだ例（彦根城二の丸表門）
▼ 一直線の例（松山城二の丸）

　そして、この方法が一般化したため、石垣の隅部を稜線に向って眺めた場合、その稜線が見事に真っすぐに通るようになった。福山城は譜代大名の水野勝成が元和六年（一六二〇）に着工し、同八年に完成させた石垣で、丸亀城は外様大名の山崎家治が寛永二年

▲一面に引かれたケガキ線（丸亀城）
他面の削り出しをしていない状況

（一六二五）に着工し正保元年（一六四四）頃までに築いた石垣である。元和・寛永期以降の石垣では、総て隅部の稜線が一直線になっている。それ以前の慶長の築城盛況期の石垣では、稜線が一直線にはならず、左右に歪んだり、隅石が稜線から逸脱したりする例が散見される。関ヶ原以前の石垣では、稜線が一直線にならない例が普通である。

さらに年代が下降すると、この稜線をわざと明瞭に削り残すことによって、隅部の整合性の良さが強調され、いわゆる江戸切りに発展（実は手抜き）したと考えられる。

もう一つの隅石の成形方法も丸亀城で発見された。山地茂氏によると、隅部の根石に鏨で成形の基準線（金属加工におけるケガキ線に似る）を彫り込み、それに基づいて隅石に成形の削りを行っていた。算木積の隅石は、一面はあらかじめ正確に成形しておき、他面は角を鈍角にする必要から大きく張り出させた粗成形のままとする。次に他面を正確に削り出すために、一面側の面《つら》にケガキ線を引いて、それを基準に仕上げ削りをする。丸亀城の搦手筋にケガキ線を付けたままで他面の削り込みがなされていない隅石が多数残っており、それによって特殊な隅石の成形方法が分かったのである。なお、両面ともに未成形のままで、その一面にケガキ線を引いた箇所もある。

隅部の踏ん張り

反りがある石垣では、下方半分ほどは勾配のみの直線的に築かれ、上方では勾配を急にする反りがつけられる。ところが、反りをもつ石垣の隅部において、勾配のみで築き上げるべき下方部に上方とは逆向きの反りをつけている例が散見される。そうした例では、足元の勾配が急であって、そこから徐々に勾配を緩くし

▲岡山城本丸上段

▲大洲城本丸

▲赤穂城本丸

▲小島陣屋

隅部の踏ん張り

熊本城における踏ん張り
◀ 本丸小広間西三階櫓台
▶ 監物櫓台

て通常の勾配（平部の勾配）に合わせて、上方の直線的な部位に滑らかに接続させている。もちろんその上方には反りがつく。すなわち隅部の全体を見ると、緩やかな反転曲線（緩いS字曲線）をなす特殊な反りをもつものであって、上方に反りをもつ石垣の隅部の足元が少し内側に後退して、あたかも踏ん張っているように見える。

この特殊な反りは、隅部付近（石垣に正対した時の隅頂部の直下から隅の稜線までの間）だけに限って使われている。なお、平の部分ではそもそも視認しづらく、さらに石垣下部に孕みが生じていることもあって、この踏ん張りが平の部位に応用されていたとしても見分けられない。一方、粗忽な見方をすれば、踏ん張り部分があたかも孕み出しているように錯覚され、そこで「あぶり出し」ともいう。しかし「あぶり」は面より控えの短い欠陥石垣をいうので、本書では踏ん張りということにする。

この踏ん張りを形成するために、隅部の足元の平面（最下段の築石の面が接地する

名古屋城天守台
▶（南西隅）下方三分の一は清正が築き、上方は宝暦５年（1755）に再築
▲（北西隅）宝暦５年に新石で完全に積み直され踏ん張りも再現
◀（南西隅）下方の強い踏ん張り

線）を直線的に四角く直角に作るのではなく、隅部付近で平部から緩い曲線を描いて隅部の頂角まで窄まっていくように作っている。この窄まりによって、隅部の勾配が平より徐々に急になっていく。すなわち、踏ん張りは複雑な三次元曲面を描いているのであって、その構築には、上方につける通常の反りよりも高度な技術が必要である。

隅部の踏ん張りは、慶長三、四年（一五九八～九九）頃から関ヶ原以降の慶長十四年頃まで築き続けられた熊本城の反りの強い石垣の多くで見られる。文禄（一五九二～九六）頃に築かれた岡山城本丸上段の石垣が熊本城に先行する古例であって、他に大洲城（愛媛県）や新しくは慶安元年（一六四八）から寛文元年（一六六一）にかけて築かれた赤穂城（兵庫県）などに多用されている。幕末築造の小島陣屋（静岡市）でも見られる。また、延岡城（宮崎県）の有名な千人殺しの石垣も踏ん張り方が強烈なだけで、同じ形状であると言える。踏ん張りは公儀普請の城にはほとんど見られないが、加藤清正が慶長十五年に築いた名古屋城天守台の下部（上部は十八世紀の再築）にはしっかりとした踏ん張りが見られる。

隅部に踏ん張りをつける理由は、強大な重量が掛かる最下部の隅石が外側へ滑り出してしまうのを防ぐためだったと考えられる。しかし、築造が面倒な割にはその効果が明確でなかったためか、踏ん張りが普遍化することはなかった。

▲延岡城の千人殺しの石垣
下部の隅石を取り除くと石垣全体が崩れ落ち、千人の敵を打ち殺せるという伝説がある。最下段はコンクリートで補強。

第三節　石垣の築造の現場

丁場割りと刻印・刻銘

江戸幕府が成立すると、主に外様大名に命じる天下普請（正しくは公儀普請という）によって巨大な近世城郭の石垣を極短期間に築造することが頻繁に行われた。豊臣秀吉が命じた肥前名護屋城や伏見城の築造も天下普請であったが、幕府の場合は長期にわたって断続的に数多くの城が築かれたのである。江戸城・駿府城・丹波篠山城・丹波亀山城・名古屋城が慶長の築城盛況期にほぼ連続して普請された。元和の泰平期以降になっても大坂城再築・江戸城増改築・二条城増築・江戸城明暦大火修築などが行われている。

そうした天下普請においては、普請を命じられた大名に対して担当箇所を割り振る丁場割り《ちょうばわ》が行われ、効率的、競争的に石垣が構築されていった。天下普請においては多くの大名衆が動員されており、例えば慶長十五年の名古屋城中心部（本丸・西の丸・御深井丸《おふけ》・二の丸など都合七郭）の石垣普請では、二十家の外様大名（主に豊臣系西国大名）が分担した。名古屋城の例では、城内の各郭において各所の石垣を細かく分割して、禄高に比例して割り振っている。すなわち一家ずつの大名家は、本丸・西の丸・御深井丸などほぼ総ての郭にわたって、あちらこちらで石垣普請をさせられた。これにより、工事の難度（水堀・空堀、高さ、隅部・平部など）の違いを公平に分担させられ、工事が同時進行することによって丁場の接続部の工期管理が容易となった。丁場ごとに競争することになり、工期の短縮と品質の向上が期待できた。特には、幕府の仮想敵となる可能性が高い豊臣系外様大名らに城内各所の石垣を普請させることによって、名古屋城全体の崇高な軍事的価値を熟知させ、豊臣大坂城の攻略の際に幕府方に与することを決断させるという戦略的効果が期待されたと考えられる。

丁場が細かく分割されたので、各丁場の担当大名を表示するため、また石材の調達が担当大名の負担だったので自己が収集した石材を明示して盗難や混乱防止を図るために、石材に大名家ごとの特有の印を彫り込むことが行われた。その印を一般的に刻印《こくいん》という。時には担当した大名やその家臣の名前あるいは年号を彫り込ん

▲丹波篠山城

▲佐賀城

▲名古屋城

▲松江城

▲福山城

様々な刻印

▲担当大名（丹波篠山城埋門）「三左衛門」

▲担当大名の家臣（名古屋城天守台）「加藤肥後守内小代下総」

▲担当大名の家臣（名古屋城二の丸）山内家の家臣名

▲年号（松江城）「安永八」（1779）

刻銘

▲墨書きの印
（広島城三の丸）

だ刻銘《こくめい》もある。

刻印には、円や三角や正方形などの記号、円に十や円を少しずらせて二つ重ねた輪違《わちがい》、打出の小槌《こづち》や分銅や軍配などの文様といった様々なものが見られる。大名ごとに使われる刻印が相違しており、また一家の大名で複数種の刻印をもつこともある。公儀普請による丹波篠山城・丹波亀山城・名古屋城・徳川大坂城などで多数の刻印が見られる。さらに刻印は佐賀城・松江城・福山城（広島県）・山形城といった公儀普請ではない外様大名や譜代大名が築いた城でも多数見られ、大名の家臣たちによる丁場割りが想定される。

丹波篠山城二の丸埋門《うずみもん》の石垣には、「三左衛門」という刻銘が大きく記され、姫路城主池田三左衛門輝政が担当したことが分かる。名古屋城天守台・小天守台では、「加藤肥後守内小代下総」など担当した熊本城主加藤清正の重臣の名が四隅の大きな隅石に大きな文字で彫りこまれている。名古屋城二の丸西鉄門北方では、高知城主山内一豊の家臣名が夥しく彫られている。

特殊な刻印の一種として、高知城追手門枡形の築石に彫られた片仮名が挙げられる。十九世紀に築き直された切込接・亀甲積の石垣で、ウエケシの一文字ずつが散りばめられている。

広島城の三の丸の櫓台石垣の発掘調査では、文禄期（一五九二～九六）の築城の際に記された墨書きの印が見つかっている。水堀の水中にあった墨書きであるが、明瞭に残っていた。刻印以外にもこのような墨書きの印があったことが分かる。

丁場の境

丁場割りで普請された石垣では、丁場の境目で築石の列が乱れることがある。担当した大名によって集めた石材の大きさや形状に違いがあるからだ。丁場割り普請では打込接が一般的であり、特に布積の場合には境目で石列の層に段違いが生じることがある。その部位では一石ずつ調整しながら丁場の境目を連結していく。徳川大坂城では、刻印のある築石を丁場境に並べている。

特殊な例を挙げると、二条城本丸では境目に大きな谷状の部分を残してその左右の石垣が積み上げられ、その後に谷を埋める工法が採られている。

丁場の境目
▲福井城本丸
▼二条城本丸

石垣の増築（継ぎ足し）

石垣普請においては、築城工事中の設計変更や後世の増改築が時折行われている。いずれにしても石垣の増築や改変がなされるが、特に石垣の増築については次の二通りの状況がある。まず既設の石垣に対して長さを継ぎ足す場合、もう一つは既設の石垣面に直交させて新たな石垣を築く場合である。

長さを継ぎ足した場合では、石垣面に既設の隅部が残されているので一目で増築の状況が確認できる。隅部は算木積であろうと非算木積であろうと隅石が勾配をもって積み上げられているからだ。

その継ぎ足しが築城工事中の計画変更だったと判定できる例は少ないが、築城期間と継ぎ足しの状況からそれと決定できる好例は、慶長後期に築造された津山城（岡山県）天守曲輪の石塁である。天守曲輪の防備増強のために虎口の位置を変更したもので、それにともない既に築いてしまった虎口を埋め殺したものである。虎口の隅部なので、急勾配に積み上げられた隅石が明瞭に確認される。同所では直交する増築も行われており、計画変更が著しく行われている。元和元年（一六一五）の武家諸法度公布によって城の増改築が禁止され、特に西国の外様大名に対して厳しく施行されたため、それらの増築・改造は築城工事中であったと決定してよいであろう。

また、寛永二十年（一六四三）から普請された丸亀城（香川県）でも、計画変更によって二の丸南面石垣において隅部が埋め殺されている。

それに対して後世に継ぎ足された石垣の例は少なくない。主な例を挙げると、中津城本丸では黒田孝高《よしたか》が

石垣の計画変更
▲継ぎ足し　▼直交した増築（津山城天守曲輪）

▲中津城本丸

▲高松城北之丸渡櫓台

▲岡山城本丸上段

▲姫路城リの二渡櫓下

▲福知山城天守付櫓台

▲姫路城井郭櫓下

▲姫路城三国堀

石垣の継ぎ足し

▲熊本城の二様の石垣（熊本地震被災前）

天正十六年~慶長五年（一五八八~一六〇〇）に築いた石垣に細川忠興《ただおき》が慶長六年からの天守台などの増築工事で継ぎ足している。高松城北之丸渡櫓《わたりやぐら》台では、生駒《いこま》氏が慶長後期に築いた石垣に松平頼重が寛文十一年（一六七一）からの北之丸増築で継ぎ足しを行っている。岡山城本丸上段北面では、宇喜多《うきた》秀家が文禄（一五九二~九六）頃に創築した石垣に小早川秀秋が慶長六年頃に本丸拡張のため継ぎ足しを行っている。姫路城井郭櫓台とリの二渡櫓台では、関ヶ原の戦い以前に築かれた石垣に池田輝政が慶長六年からの姫路城大改修にともなって石垣を継ぎ足した。福知山城（京都府）天守付櫓台では、明智光秀が天正期に築いたとされている石垣に十六世紀末に増築が行われている。

それらとは対照的な継ぎ足しを挙げると、熊本城本丸南西部で、継ぎ足しが行われた「二様の石垣」と通称されている特異な例が注目される。慶長三、四年頃から行われた熊本城の古城《ふるしろ》から茶臼山への中心部移転工事で築かれた旧石垣に対して、慶長十四年頃に本丸御殿建築のために西側へ大きく張り出して新石垣を継ぎ足したものである。その新石垣の張り出しの隅部には本丸小広間《こひろま》西三階櫓が建ち、その北側への延長線上には大広間の主座敷である昭君《しょうくん》之間（慶長十五年頃完成か）が載る。すなわち加藤清正が最晩年に継ぎ足した石垣である。この「二様の石垣」の新旧石垣には十年ほどの築造年代差があるため勾配と反りが全く相違している。しかし、この新旧石垣の天端は見事に合致して一連の櫓台となる高い築造技術を見せている。一方、勾配の大差は石垣の足元の位置の違いで調整したため、旧石垣の隅部は新石垣に埋没することなく、大

◀ 増築ではない入隅（丸亀城）
隅部の築石が交互に差し込まれる

増築された入隅
▲右方が増築、下部は崩された石垣で埋没（肥前名護屋城本丸）
▲右方の築石が奥まで続き、その面に直交して築石が突き当たる左方が増築（福岡城天守曲輪）
▼同（熊本城本丸東面虎口）

きく外へ張り出している。このような継ぎ足しの事例は珍しい。なお、旧石垣は非算木積、新石垣はやや痩せた算木積である。

　厳密には継ぎ足しの事例ではないが、石垣の開口部を埋めて塞いだ改造例もある。代表的なのが姫路城三《さん》国堀《ごくぼり》（溜池）の石垣で、退化した算木積で挟まれた狭い開口部が乱雑に積まれた石垣で塞がれている。溜池に降りる階段を埋めたものと考えられる。

石垣の増築（入隅を形成）

　既設の石垣面に直交させて石垣を増築した例は少なくない。既設部と増築部の築造年代が大きく離れている場合は石垣の年代的特徴から容易に増築を判定できる。築造年代に差があまりない場合は、両者の接合部である入隅部の築石の観察によって増築の有無と増築があった場合はその前後関係が判定される。

　増築ではなく左右同時に築かれた入隅部では、算木積を逆にしたような築石の噛み合わせを行って強度を高める。入隅の谷筋において、奥まで続く築石と、直交する面に突き当たる築石が、理想的には交互に配される。左右の築石の高さが揃わない場合は、左右交互が乱れることがある。

　それに対して石垣の増築によって形成された入隅では、左右どちらか一方の築石が奥まで続き、他方の築石はその面に突き当たって止まる。もちろん突き当たって止まる側の石垣が増築である。なお、頂部においては増築の際に組み替えられることもあるので、頂部のみの交互の入れ込みは判定に当たっては無視する。

　築城工事中の計画変更（曲輪の拡張や横矢掛《よこやがか》りの形成のため）によって形成された増築入隅もあるが、年代を経て増築されたものもある。前者には津山城天守曲輪などの例がある。後者には、肥前名護屋城本丸において、文禄の役に築造された石垣に慶長の再出兵の際に増築したものが有名である。また、熊本城においては、築城工事中および経年後に増築が頻繁に行われており、宇土櫓台の突き出しや本丸東面や小天守回りでそれが観察される。

第四節　石垣の変形と破損・修理

温度変化及び地震による築石の移動

石垣はもちろん石材で構築されており、その石材は温度変化によって膨張と収縮を繰り返している。例えば、夏の高温日に直射日光が当たると石材の表面温度は軽く四〇度を超え、冬季の夜間には放射冷却により零下一〇度を下回る。その温度差は五〇度以上となる。

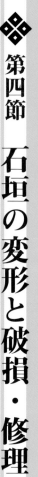

さて、その熱膨張量を実際に計算してみよう。計算を簡略化するために高さ一〇メートルの石垣が一枚岩の花崗岩でできていると仮定し、夏の最高気温を三五度、冬の最低気温をマイナス五度として温度差四〇度、花崗岩の線膨張係数は一度につき八×一〇のマイナス六乗、これらを掛け合わせると、三・二ミリメートルとなる。高さ一〇メートルの石垣は真冬より真夏の方が三・二ミリメートル高くなるということだ。実際の石垣は隙間のある多数の築石によって構成されているので、そう単純ではないが、わずかではあるが夏と冬の温度差によって膨張と収縮を毎年繰り返していることは確かである。

そうした石垣の膨張と収縮を十二年間にわたって盛岡城（岩手県）において内田昭人博士が観測した結果が公表されている。それによると、石垣の築石は温度差による膨張と収縮を繰り返し、そのため高さ方向だけではなく、石垣面が冬から夏にかけて外側へ張り出していき、逆に夏から冬にかけて元の位置へ戻っていくことが分かった。高さ一一メートルの石垣で観測した結果では、石垣の下部では変位が少なく、上方にいくにつれて変位が大きくなる。上から三メートル（下から八メートル）の部位では、一年間の変位量は約五ミリメートルであって、夏の石垣面は冬のそれより約五ミリメートル外側に張り出すことが観測されている。しかも毎年ほぼ規則正しく出たり入ったりを繰り返すだけではなく、日々常に一〜二ミリメートル出たり入ったりを繰り返しながら、一年を通して大きく出入りしていることも明らかにされた。すなわち石垣は常に変動を続けているのである。築石は気温が上がると膨張し、上方や前後に個別に少しずつ移動することによって体積の増えた分を調整していることが分かったのである。

　さらにその長い観測期間において震度五の地震が二回起こっていた。石垣面に対して平行に揺れた一回目の地震では変位量に差は見られなかったが、直交方向に揺れたと考えられる二回目の地震では、約五ミリメートル石垣面が外側に移動し、その後再び元の位置には戻らなかったことも観測されている。地震によって石垣面が外側へ移動、換言すればわずかに損傷することが初めて定量的に観測された。そうした地震によるわずかな変位の積み重ねによって石垣がやがて崩壊に至る原理が分かったと言えよう。

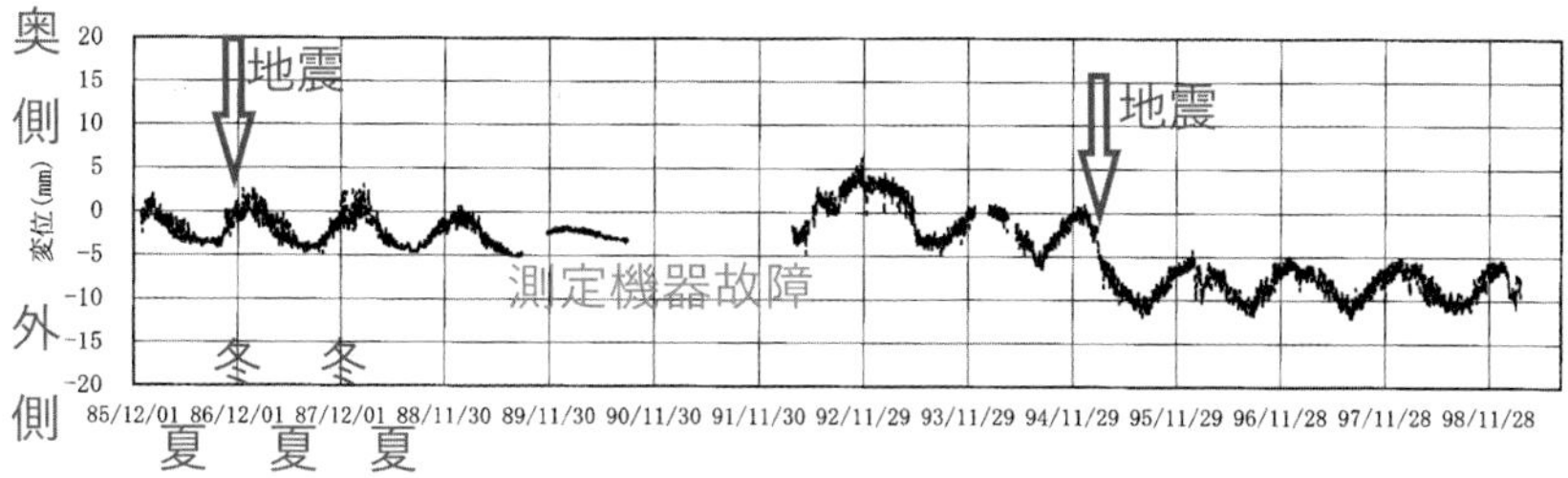

▲石垣の変位
(『史跡盛岡城跡　石垣移動量調査報告書』所収図に加筆)

孕み出しと崩壊の原理

　大地震や大雨等によって石垣が一気に崩壊した事例は多い。二〇一六年の熊本地震によって、熊本城の加藤清正が築いた北十八間櫓台・東十八間櫓台が崩壊し、また近代に復元あるいは積み直された石垣の多くが崩壊した。また、二〇一一年の東北大震災では仙台城や白河《しらかわ》小峰《こみね》城(福島県)の石垣が崩れ、一九九五年の阪神・淡路大震災で明石城(兵庫県)の石垣が崩れた。

　それとは別に、経年変化によって石垣が徐々に変形して崩壊に至る事例は、江戸時代以来全国の城で生じている。当時の文献や古絵図では「孕」と記されている。石垣面の下方が膨らんで突き出すことを孕《はら》み出しといい、その孕み出しの上方では石垣面が奥の方に向けて少し倒れこんでいる。ただし、上方の倒れこみは測量でもしない限り分からないであろう。

孕み出しの原因は地震によって裏込が沈下することである。前述したように裏込は築石を背後から支える重要な要素であって、裏込なしでは高い石垣は構築できない。完成した石垣の背後には裏込として河原石（代用品は割栗）がぎっしりと詰め込まれており、裏込が自由に移動することは全くない。

ところが強い地震に遭うと、築石が外側へ瞬間的に移動し、それによって背後に生じた隙間に裏込が上から沈み込む。隙間に沈み込んだ裏込が邪魔をして築石は元の位置に戻れなくなる。地震ではこれが繰り返されるので、築石は次第に外側へ外側へと押し出されていき、その背後には上方から沈み込んできた裏込が溜まっていき、孕み出しが形成される。一方、石垣の上方部では、裏込が下方へ沈んでいくので、築石を支える裏込が足らなくなって、築石が背面側へ倒れ込む。下方での孕み出しと上方での倒れ込みによって、大きな孕み出しとなる。

孕み出しが生じた石垣は解体修理をしなければ元には戻らない。また、孕み出しが限界を超えた時には石垣は一気に崩壊する。地震の揺れが強大だった場合で

▲地震による倒壊（熊本城東十八間櫓台）

▲大きな孕み出し（岡山城本丸上段）
約 430 年の間に裏込が沈み込んで生じた

▲その後の崩壊
（熊本城馬具櫓台）

▶地震直後の孕み出し

は、孕み出しが瞬く間に増大して崩壊に至る。熊本地震では、地震時に孕み出しの急速な増大が起こって崩壊した石垣の事例が確認されている。また、地震によって孕み出した石垣がしばらくしてから崩壊した事例もあった。

石垣に掛かる重量の有無

孕み出した石垣でも、築石どうしの合端の位置が移動して一応の安定状態になっている。岡山城本丸上段

▲隅部を残して崩れた石垣（熊本城西出丸戌亥櫓台）
石垣と櫓は近年に復元されたもの、築石の控えは短い

の野面の石垣は築石の控えが長いため、全国でも孕み出しが最も大きい事例ではあるが、直ちに崩れるという虞はない。一方、控えが短い熊本城では、孕み出すと危険な状態になる。

地震による石垣崩壊の原理は、孕み出しだけではない。強力な地震では、石垣の天端の方から瞬時に崩れる事例が少なくない。熊本地震における飯田丸五階櫓台石垣では、二度にわたって上方から崩れ落ちた。この石垣は熊本城内でも最も急勾配であり、築石は比較的に小さく、地震に対する強度はかなり低かった。平部は大きく崩壊したが算木積の隅石だけが崩れずに残った。このような崩れ方は、熊本城内で復元櫓を載せた石垣（昭和再築石垣）のほぼ総てで生じており、熊本城の復元櫓に特有な現象だったと言える。

この特有な崩壊現象から、石垣の地震による崩壊の一つの原理が見出される。隅石だけが崩れずに残ったのは、算木積が強固なこともあろうが、それよりも大きな要因は、隅石には復元櫓の重量が集中して掛かり、平部の築石には重量が全く掛かっていなかったからである。

冗長となるがその理由を記しておく。昭和戦後に全国で流行したコンクリート造天守の再興の際には、既存石垣にコンクリート造の過大重量を掛けるのを避けるため、天守は太いコンクリート杭等で支えて石垣から浮かせて建てた。近年の木造復元では、櫓台上に薄いコンクリート版を載せ、その上に櫓を建て、櫓の重量をコンクリート版で受けて、重量を分散させて裏込上に掛けることが多い。熊本城の再築石垣では、隅石の角を少し上げる気負《きお》いが付けてあったので、コンクリート版の角が気負いに当たってしまい、そのためコンクリート版と櫓の重量が隅石に掛かっていた。よって重量が掛かっていた隅石は崩れず、重量が掛かっていなかった平部の石垣が崩壊したのである。平部の崩壊によって裏込も流れ落ち、結局、総ての重量が隅石に掛かったのである。

物理学の原理では、端部を固定したものは揺れにくいが、固定していないものはよく揺れる。重量が掛かっていた隅石は固定されているのと同じで、平部は固定されていなかった。また、地震によって石垣が崩壊する原理は、天端の築石に掛かる地震力（天端石の質量と地震加速度の積）の方が天端石の移動を止める摩擦力（摩擦係数と天端石の重量の積）より大きくなることである。天端石の上に櫓が載っていると、その重量により摩擦力が増大するので、崩れにくくなる（ただし櫓は内部で梁等で固められていて、重量は天端石に掛かっても地震で滑り出さないことが前提）。したがって、天端石に櫓の重量が掛かっていない石垣は、天端石が地震で滑り出して崩落する危険性が高まる。

石垣の自重による築石の破損

外力による破損だけでなく、石垣自体の重量によって経年劣化の末に築石が破損することも少なくはない。切り出されたばかりの新石なら強度上で問題はないが、築造されて数百年が経過すると、もともとあった石材の欠陥（軽微なひび割れや節理など）や不適切な築石の配置（細長い築石を両端で支えるなど、折れ曲げる力が掛かるように配置）によって築石が破損する。

重量によって破損した石垣
▲折損した隅石（徳島城）
▼ひび割れした隅石（伊賀上野城）

ただし、数個の築石が破損したとしても、破損した状態で重量を支えているので、石垣全体が直ちに崩壊することはない。

特に硬くて脆い変成岩は長細い築石の折損が少なくない。例えば徳島城では、算木積の隅石の長辺での折損が目立つ。

また、伊賀上野城や大坂城のような三〇メートル級の超高石垣では、強度と耐久性に優れる花崗岩を使っているにもかかわらず、長年の過大な重量によって最下部の築石が強度の限界に達して圧壊したものが見られる。築石には形のいびつさや表面の凹凸などがあるので、正確に強度計算するのは難しいが、築石の底面を〇・七五メートル×一メートル、石垣高さ三〇メートルで勾配六〇度（垂直抗力は〇・八七倍）、花崗岩の比重を二・六として最下部の築石一つに掛かる重量（垂直抗力）は、約五一トンとなる。この重量を最悪では合端と飼石を合わせて三か所で支えるので、この三か所の合計面積を一〇〇平方センチメートル（この値は状況により大きく変動する）と仮定すると、一平方センチメートル当たり五一〇キログラム重の重量が掛かることになる。優良な花崗岩の圧縮強度は一平方センチメートル当たり一三六〇〇N（約一三九〇キログラム重）なので問題は全くないが、質の悪い花崗岩ならその半分程度しか強度がないためほぼ限界に近い。ましてや微細なひび割れをもった石材なら強度が半減するので間もなく圧壊してしまうはずである。なお、花崗岩の圧縮強度は砂岩の約三倍、安山岩の約一・五倍なので、砂岩の石垣の最高高さは一〇メートル、安山岩は二〇メートルがほぼ限界となるとも言える。

押さえ石垣

石垣が孕み出して、あるいは崩れかかってしまった場合は、積み直すしかない。しかし、高い石垣の積み直しには費用と手間が掛かるので、江戸時代中期以降になると、積み直しをせずに、孕み出しや崩れかかりの外側を囲って低い石垣を付加することが多くなった。新たに築いた低い石垣によって、孕みや崩れを押さえつけるためである。

そうした押さえ石垣（巻き石垣や巾木《はばき》石垣・鞘《さや》石垣ともいう）は全国で見られる。なお、低い押さえ石垣を高石垣の正面に付加することによって、防備性能はかなり低下することになるが、泰平の世が続いていた時代だったので、経費節減の方が重要視されたのである。また、押さえ石垣は高さが低いので強度自体はそれほど重要視されておらず、算木積が退化した例が散見される。

特に押さえ石垣が目立つのは、熊本城・岡山城・明石城（兵庫県）・高取城（奈良県）・盛岡城（岩手県）などである。特殊な例では、姫路城備前丸（本丸）の高い鎬隅《しのぎすみ》石垣の下部に付加された大きな押さえ石垣は天端が斜めに築かれている。鳥取城天球丸の押さえ石垣（復元されたもの）は文化四年（一八〇七）頃に築かれたもので、球体状になっており珍しい。また、岩村城（岐阜県）本丸腰曲輪にある有名な六段壁は、当初は崖に築かれた最上段だけの石垣（鉢巻《はちまき》石垣という）だったが、その押さえ石垣として二段目が築かれ、その後、次々に押さえ石垣が付加されていったものと考えられている。

押さえ石垣
◀ 熊本城東竹の丸下
▶ 高取城本丸

▲岩村城本丸腰曲輪の六段壁

▲鳥取城天球丸の巻き石垣（復元）

第五節　武家諸法度に基づく石垣修復

武家諸法度による規制

幕府は大坂夏の陣で豊臣氏を滅ぼすと、同年の元和元年（一六一五）に武家諸法度（元和令）を公布した。大名に厳命したこの法度（禁令）のなかに新規築城の禁止条項があり、「諸国居城修補《しゅうぶ》を為《な》すと雖《いえど》も必ず言上すべし、況《いわん》や新儀の構営堅く停止《ちょうじ》せしむる事」と定められた。大名の居城（本拠の城）を修理する場合であっても幕府に届け出て将軍の裁許を得ねばならず、ましてや「新儀の構営」すなわち新たに城を築いたり増改築したりすることは厳禁された。

ところが城郭建築の修理は頻繁に発生するため手続きが余りにも煩雑だったので、寛永十二年（一六三五）の改定（寛永令）では、「新儀之城郭構営堅く之を禁止す、居城之隍塁《こうるい》石壁以下敗壊之時、奉行所に達し、その旨を受くべきなり、櫓塀門等之分は先規の如《ごと》く修補すべき事」と少し緩和された。堀・土塁・石垣が崩れた時は従来通り幕府に届け出て許可を得ることとされたが、櫓・塀・門等については元の通りに修理すれば届け出は不要となった。

いずれにしても石垣の新設は厳禁され、既存石垣の修理だけが認められていた。この武家諸法度の規定によって、元和元年以降は城の石垣の新築・増改築は原則として行われなくなったとされている。そうは言っても実際には、江戸城・大坂城・二条城といった幕府の城以外でも、八代城（熊本県）・島原城（長崎県）・平戸城（同）・石田城（同）・丸亀城（香川県）・高松城（同）・福山城（広島県）・赤穂城（兵庫県）・明石城（同）・尼崎城（同）・淀城（京都府）・和歌山城・岡崎城（愛知県）・小松城（石川県）・上田城（長野県）・

▲島原城本丸

▲赤穂城三の丸

▲明石城二の丸
武家諸法度下で新たに築かれた石垣

会津若松城（福島県）・白河小峰城（同）・二本松城（同）・盛岡城・松前城（北海道）など多くの城で石垣の新築や増築が行われていた。

広島城における石垣修復

江戸時代においては外様・譜代・親藩の別なく武家諸法度に基づいて石垣は修復されていた。その石垣修復の経過がよく分かる広島城の事例を紹介しておきたい。資料として広島藩歴代当主の正式な記録集である『済美録《せいびろく》』（当該部分は玄徳公済美録）所収の古文書を参照した。

寛永十四年（一六三七）四月二十四日夜に広島城本丸南出丸（現在は二の丸と称す）の東北隅石垣少しと同所の東多門櫓が崩れた。そこで、崩れた材木を取り除き、石垣は崩れたままにしておいて、城絵図によって幕府年寄《としより》衆（後の老中）へ修復申請を届け出ている。城の修復の際に幕府へ届け出る際には、城全体を描いた城絵図を作成し、修復予定箇所を囲んでそこから線（多くは朱線）を図の余白まで引き出して、石垣を修復する箇所の高さと幅、および説明（崩れた、あるいは孕んだなど）を一か所ずつ記入する。そうした石垣の修復申請絵図は定型化しており、それらの控えの城絵図は全国各地の城に残されている。

　すると、六月七日付で年寄衆五名連署の奉書が藩主宛てに出された。その文面は「広島之城本丸南出丸之艮《うしとら》（東北）角《すみ》石垣崩《くずれ》候《そうろう》処《ところ》、築候事、同所東之多門《たもん》崩候付て建候事、絵図之通得其意候、如元《もとのごとく》可有普請候」であって、崩れた石垣と多門の修理を絵図の通りに理解したので、元の如くに普請せよであった。この奉書を受け取ってから石垣の修復を着工している。

　また、石垣が孕み出したための修復申請が二年後の寛永十六年十月十二日に出されており、安芸国広島城絵図（修復申請絵図）に「二之丸矢倉下之石垣長サ八間、横六間、高サ弐間半、朱引仕候処、石垣はらみ申候間、つきなをし（築き直し）申度奉存候事」および同様に三の丸多門櫓下の石垣が孕んだのを築き直すことを記して藩主名で届け出ている。すると早くも同月十九日付の幕府年寄衆三名連署の奉書によって、将軍の上聞に達して許可されたことが通知されている。それを受けて十一月六日から石垣上の櫓等の解体が始まり、石垣修理が着工され、同月二十九日に修復が完成している。櫓の解体から石垣の積み直しまで二十三日しか掛かっておらず、今日の石垣修理の工程と比べると極めて迅速であった。また石垣の修復に対する将軍家光の裁許がわずか七日で出されたことも驚きである。

▲寛永 14 年修復の石垣
（広島城二の丸東北隅）

第四章

堀と土居

第一節　堀と土居

堀の名称

城とは認められていなかった江戸時代の陣屋《じんや》では堀は一重であるが、近世城郭の堀は二重・三重あるいはそれ以上に廻らされていた。一般的には、二重の場合は内側から順に内堀・外堀と呼び、三重の場合は内堀・中堀《なかほり》・外堀という。水堀の場合は、内堀や外堀を内濠・外濠と書くこともある。

城の堀は町人地《ちょうにんち》（町屋《まちや》）を取り囲まないのが通例であるが、町人地全体を堀で取り囲んだ広大な城もあった。その堀を総堀《そうぼり》（惣堀とも書く）といい、それに囲まれたところを総構《そうがまえ》（惣構）という。総構は古くは北条氏の小田原城や豊臣大坂城などにあったが、江戸時代になっても小倉城（福岡県）・丹波亀山城（京都府）・桑名《くわな》城（三重県）・会津若松城（福島県）など少数であった。

堀の形状からは、丸馬出《まるうまだし》（虎口の外側に築かれた半

▲三日月堀
（諏訪原城）

▲竪堀
（高遠城）

円形の小郭）を囲う堀は、形が三日月にやや似ているので、三日月堀《みかづきぼり》と呼ばれる。諏訪原城《すわはら》（静岡県島田市）には、徳川家康の支配下で築かれた全国一の見事な三日月堀が残る。

また、中世の山城に多用された竪堀《たてぼり》は、山の斜面を登る敵が横方向に移動するのを防いでいた。山城が少ない近世城郭では、竪堀はほとんど見られないが、高遠城《たかとお》（長野県伊那市）では壮大な竪堀が残る。

堀の幅や長さから付けられた名称には、百間堀《ひゃっけんぼり》・八丁《はっちょう》堀《ぼり》などがある。百間堀は幅百間（約二〇〇メートル）の堀という意であるが、実際はその半分程度であって、広い堀幅に対して付けられた美称であった。金沢城石川門前、福井城外堀、大野城（福井県）外堀、上田城（長野県）外堀などにあった水堀が百間堀と呼ばれたが、いずれも埋め立てられてしまい、金沢城の百間堀（蓮池堀）は道路等になってはいるがかつての広大な姿が彷彿とする。八丁堀は一直線に八丁（四八〇間、約八七三、または九四五メートル）続く長大な堀の意であって、広島城外堀や江戸城の城下町の堀割《ほりわり》にあった。

以上のような一般的な名称とは別に、城によっては堀に固有名があった。例えば江戸城では、本丸・二の丸・三の丸・西の丸・吹上・西の丸下・北の丸など多くの中心的な郭を取り巻く堀を現在は内堀と称しているので、内堀内の郭を区画する多くの堀には個別の名称があり、白鳥堀・蓮池《はすいけ》堀・蛤堀・桔梗《ききょう》堀・大手堀・天神堀・平川堀・道灌《どうかん》堀・清水《しみず》堀・半蔵《はんぞう》堀・桜田堀・日比谷堀・和田倉《わだくら》堀などである。これらの名称は時代によって変化している。このうち道灌堀は江戸城の創築者の太田道灌に因んだものである。岡崎城（愛知県）本丸北にある清海《せいかい》堀も同城を創築したという西郷清海入道に因むものである。ただし、その命名は年代が下降するので、短絡的に堀の名称からその堀の創築者を決めるのは危険である。

水堀と空堀

近世城郭の堀には、水を湛えた水堀《みずぼり》と水がない空堀《からぼり》がある。空堀は乾堀とも書かれた。また、濠《ほり》は水堀、隍《ほり》は空堀の意であって、高尚な文などに用いられた。

水堀は一般的に平地に穿たれた堀であり、天然の湧き水、城内に降った雨水などを集めた溜り水、川や湖・海から引いた水で常時満たされていた。山城に堀を掘った場合では、堀底から漏水したり、谷へ流出したりするので通例は空堀となる。したがって、中世城郭の大部分は山城が占めるため、中世城郭の堀はほとんどの例が空堀であるとしても大過ない。それとは対照的に平城や平山城が基本となる近世城郭では、大多数の城に水堀があった。そこで、水堀を近世城郭の特色の一つとすることができる。

水堀

水堀と空堀では防御性能に大きな差がある。水堀の水深が人の背丈より大きければ、歩いて堀を越えることは不可能であって、泳いで渡るか船などを使うかしかないが、いずれにしても大軍が一気に攻め込むことはできない。例え水深が小さくて歩いて渡れるような水堀であっても、水の抵抗によって侵攻速度が著しく遅くなってしまい、城内からの鉄砲や弓矢による狙撃は免れない。よって堀幅に比例して水堀を越えることが困難となる。正保年間（一六四四～四八）に幕府が諸大名に命じて作製提出させた正保城絵図《しょうほうしろえず》によって水堀の幅と水深を表に示しておく。

正保城絵図による水堀　＊印は堀岸が石垣、＋印は明確に元和元年以降の築造

城名	部位	堀幅	水深	備考
八代（熊本県）	＊＋内堀	一一～一四間	四～五尺	
	＊＋外堀	一〇～一三間	三～四尺	
小倉（福岡県）	＊内堀	八～一六間	八～九尺	海城
	＊中堀	九～二九間	五～七尺	一部は土居
	外堀	八～九間	五～六尺五寸	
	総堀	七～一二間半	四～七尺	
丸亀（香川県）	＋内堀	二〇間		
	＋外堀	一〇間		

高知	堀	一二間	八尺五寸	
広島	*内堀	二一～五三間	一丈（一〇尺）	
	中堀	一〇間	一間	
	外堀	一〇間	一間	
三原（広島県）	*内堀	一二～一六間	六尺～一丈二尺	海城
福山（広島県）	*十内堀	一三～一七間	二間（水面上を含むか）	
	*十外堀	一九間	二間（同）	一部は土居
岡山	*内堀	一八間	一間～一間半	
	*中堀	一八間	一間	
	外堀	一三～一六間	一間	
津山（岡山）	堀	一三間	五～七尺	一部は空堀
松江（島根県）	*内堀	一五～二三間	九尺	背面側は未完成
篠山（兵庫県）	*内堀	五～七間	一間～一間三尺	公儀普請
	外堀	二〇～三九間	一間五尺～二間二尺	公儀普請
岸和田（大阪府）	*内堀	二一間	二間	
桑名（三重県）	*内堀	一三間	七尺	海城
松坂（三重県）	堀	一〇～一二間	三尺五寸～九尺	
大垣（岐阜県）	*内堀	一三～四五間	九尺～一丈一尺	
	中堀	一三～一六間	一間～七尺	
	外堀	五～一八間	三～八尺	
丸岡（福井県）	*内堀	二七～五〇間	六～九尺	一部は土居
	外堀	四～五間	七～九尺	
小田原（神奈川県）	内堀	一二間	二尺五寸	空堀が続く
	*中堀	一九～二五間	三尺～三尺五寸	
	外堀	六～八間半	五尺～一間	
米沢（山形県）	内堀	一五～一七間	二間三尺～三間（水面上を含むか）	
	外堀	一三～一五間	二～三間（同）	

この表によると、水堀の幅は概ね十間から二十間であって、特に広いものは五十間（約一〇〇メートル）に及び、広島城の広大な内堀（現在の幅は北側七九、西側七二メートル）が現存している。江戸時代の軍学書によると、弓矢の確実な殺傷射程距離である「矢掛かり」は十五間（約三〇メートル）までというので、水堀の半数はそれを超えていたことが分かる。鉄砲の殺傷射程距離は弓矢の二倍を超えるので、広い水堀の幅は弓矢ではなく鉄砲による射程を考慮していたとも言えよう。なお、戦後に埋め立てられて現存しないが津城（三重県）内堀（両岸は石垣）は幅一〇〇メートルもあって、鉄砲の確実な殺傷射程距離五〇メートルすら超えていた。

　次に現存する特に広大な水堀の幅（現状）を挙げておく。なお、岸が石垣でない水堀は幅が不明確なので、水面幅である。

江戸城内堀（国会議事堂前）	水面幅約九五メートル、土居上の幅約一五〇メートル
越後高田城外堀（新潟県上越市）	水面幅九〇～一四五メートル
大坂城外堀（大手門脇）	幅一〇七メートル
大坂城外堀（二の丸南面）	幅八〇メートル
広島城内堀（北面）	幅七九メートル
今治城（愛媛県）内堀	幅七五メートル
名古屋城外堀（北面）	幅七〇メートル
松本城内堀（天守前）	幅五五メートル
福井城内堀	幅四八メートル
姫路城内堀（南面）	幅四八メートル

▲江戸城内堀

▲越後高田城外堀

水堀の水深は、江戸時代には堀浚《ほりざら》え（浚渫）が度々行われており、また明治の廃城後は泥が堀底に溜まって浅くなっており、その実情を知るには発掘調査でもしないと判明しない。そこで水深についても先に挙げた表に基づいて検討したい。

水深が五尺（約一・五メートル）を超えると、当時のほとんどの武者は歩いて水堀を越えられない。表によると、多くの例では五尺以上なので、人の背丈を考慮した深さだったと言える。ところが、水深が三尺ほどの例も散見され、その深さでは徒歩での堀越えが可能であった。小田原城の内堀・中堀では、堀幅は広いが水深は浅く、内堀ではわずか二尺五寸しかなく、それも途中からは空堀になっていた。しかしながら浅くても水の抵抗で歩行速度は著しく低下し、空堀にそのまま移行する状況からは、堀底には泥土が溜まっていたと考えられ、泥土に足を取られると身動き不能に陥る。泥土という攻城を最も困難にする仕掛けだったと評価される。江戸時代の軍学書である林子平の『海国兵談』でも、堀は泥の深さを好むとしている。

▲大坂城外堀

▲今治城内堀

▲広島城内堀

広大な水堀

空堀

高性能の水堀に対して空堀はその深さだけが防御性能に関係し、浅い空堀は役には立たない。空堀の役割は敵の大軍の侵攻を止めておくだけなので、幅の広狭は重要ではなく、ただ深くて険しいことが必須であった。したがって、空堀の幅は、水堀より狭く矢掛かりの十五間未満が普通である。幅が広い空堀では、堀の対岸にいる敵を城内から射撃するのが難しいだけではなく、敵が堀底に降りてしまうと自由自在に走り回られるので敵への狙撃が困難になり、かえって不都合となる。空堀の堀底の幅が十五間以上もあったら、それは堀ではなく細長い曲輪としか言えず、防備性能が極めて悪く縄張の弱点となる。したがって、幅の広い堀は、必ず水堀にしなければならない。

例外的に幅の広い空堀は水戸城（茨城県）に見られる。本丸・二の丸・三の丸をそれぞれ仕切る空堀は、現状では堀底が鉄道や道路になっており、少し拡幅されているようであるが、もともと広くて深い堀であった。正保城絵図によると、二の丸と三の丸を仕切る空堀（一部は水堀だった）は堀口（土居の上部での堀幅）二十四間、深さ六間五尺と記されており、全国屈指の空堀だった。水戸城は広大な台地上に築かれており、本丸・二の丸・三の丸等を空堀で仕切って一列に並べた縄張であった。堀は台地に刻まれた天然の谷を利用して掘られたようで、そのために広くて深い空堀が誕生したと考えられる。

もう一つ例外を挙げておくと、山城の空堀（主に堀《ほり》切《ぎり》）は幅が極めて狭くて長さも短い（竪堀は長いが、

▲狭くて深い空堀
（高遠城本丸）

▲広くて深い空堀
（水戸城本丸・二の丸間）

近世城郭にはほとんど見られないので除く）のが普通であるが、岩国城（山口県）本丸を仕切る空堀は、山城では最大のものである。堀の岸は土居であるが、堀底に築石が散乱しているので、本丸側は鉢巻石垣だったと考えられる。

空堀は幅が狭いので、堀底は左右を岸（石垣または土居）で厳しく限られた登城路としても応用され、それを堀底道《ほりそこみち》という。古くは堀ノ内道とも言った。堀底を進行する敵に対しては、堀の岸上から有効に狙撃を加えられた。また中世の山城では、長く続く尾根上を敵が進行するのを防ぐために、尾根を分断する短い空堀が設けられており、堀切《ほりぎり》と呼ばれる。近世城郭では、堀底道や堀切はあまり見られないが、彦根城の天秤櫓前の空堀は、堀底道を兼ねた堀切である。

▲堀底道
（彦根城天秤櫓前）

薬研堀・箱堀

堀はその断面の形状によって古くから分類されている。中世城郭の堀切や竪堀に使われた断面がV字形の狭い堀は、その形状が漢方薬を粉末にする際に使われた薬研《やげん》に似ていたので薬研堀と呼ばれた。底は鋭く尖り、すなわち堀底がない。薬研堀は

▲薬研堀（高根城（静岡県浜松市））
発掘によって復元された

石垣を用いず、岸を土居とした空堀である。土居の勾配はほぼ四五度なので、堀幅は深さの二倍程度しかない。近世城郭の堀としては狭すぎるので、江戸時代以降は使われない。

　近世城郭では堀幅が格段に広くなったので、必然的に堀の両岸が遠く離れて広い堀底ができた。その断面形状から箱堀《はこぼり》と呼ばれる。近世城郭の堀は、水堀も空堀も箱堀である。したがって、特に幅の広い箱堀は総て水堀となるが、それでは箱形に見えないので、取り立てて箱堀とは言わない。

　また、堀底が角張っておらず、円くU字形をなすものは、その形状が毛抜きの刃先に似ているので毛抜堀《けぬきぼり》という。水堀の場合では、箱堀と毛抜堀は視認で区別できない。岸が石垣ではなく土居の場合では、堀底の成形が不十分な箱堀は毛抜堀に見えるし、箱堀が崩れても毛抜堀になるため発掘しない限り区別できない。したがって、近世城郭の土居の堀においては、箱堀と毛抜堀は区別する意味がない。

▲箱堀
（熊本城宇土櫓外）

堀障子・水戸違

　空堀の幅が広い場合には、敵が堀底を自由に走られるので、それを阻止するために堀底に仕切りを入れることがあり、それを堀障子《ほりしょうじ》あるいは単に障子という。障子とは今日の建具の障子（古くは明かり障子といった）のことではなく、古くは衝立や襖といった遮蔽物を意味したので、堀障子は堀底を通れないように仕切るものという意である。北条氏に関連した城には多用されており、小田原城の総堀や山中城《やまなか》（静岡県三島市）・岩槻城《いわつき》（埼玉県）など各地で発掘され、山中城では復元されている。

堀障子は堀に直交して土造りの細かな仕切りを多数並べたものである。その上端は一人がやっと通れるくらいの幅しかなく、また堀底より急勾配で一メートル近くも立ち上がっているため、それを乗り越えるのは容易でない。堀障子のある空堀を敵が渡ろうとした場合、堀障子の上を通ると幅の狭さに制限されて自由に動けず、城内から容易に狙撃される。堀障子から堀底に転落したら、狭い区画に閉じ込められてやはり狙撃される。したがって堀障子は幅が広めの空堀を守る有効手段だった。

堀障子とは向きを変えて、空堀の底に堀と平行に長く築かれた畝《うね》も有効であった。畝も堀障子の一種である。畝は幅の広めの空堀を縦断して二つに仕切る遮蔽物で、狭い空堀を二重に並べて設けるのと同じ効果がある。古絵図や発掘調査によると、浜松城（静岡県）で確認できる。畝は水堀でも応用されており、その場合では畝の頂部が水面上に出て、細長い通路のようになっていた。古絵図では、西尾城《にしお》（愛知県）などで確認できる。なお、広い河川が堀を兼ねる時は、両者の仕切りとして畝が設けられ、河川から船に乗って堀に侵入する敵を防いだ。

豊臣大坂城の三の丸の発掘では、堀底から複雑に分岐する特別に厳重な堀障子が検出されている。堀障子の高さは〇・三～一メートル、上幅約〇・五メートル、勾配六〇度であり、堀底から削り出して造られていた。堀障子どうしの間の窪みには泥が堆積し、また堀障子どうしの間には溢れた水の排出溝があったので、堀障子の上端は堀間は雨水や湧き水が溜まっていて、堀障子の上端は堀水に覆われていたと考えられている。荻生徂徠の『鈐録《けんろく》』には、堀底に見えないように縦横に畝を付けるべしとしており、水堀の底に堀障子を隠し設けることを推薦している。その効用について想像すると、堀を忍んで泳ぎ渡ろうとする敵を邪魔し、また堀障子の存在を知っている城兵なら堀障子の上を通って水堀を渡ることもできる。

また、堀障子に似て非なるものに水戸違《みとちがい》がある。『鈐録』によれば、外郭と内郭の水堀が繋がっている場合に、それを仕切る低い土居または土橋《どばし》のことという。内郭の堀水を用水として使うため、外郭の堀水で汚染されるのを防ぐ措置だという。軍学者の説なので直ち

▲水戸違
（小倉城内堀）左右で堀の高さが相違

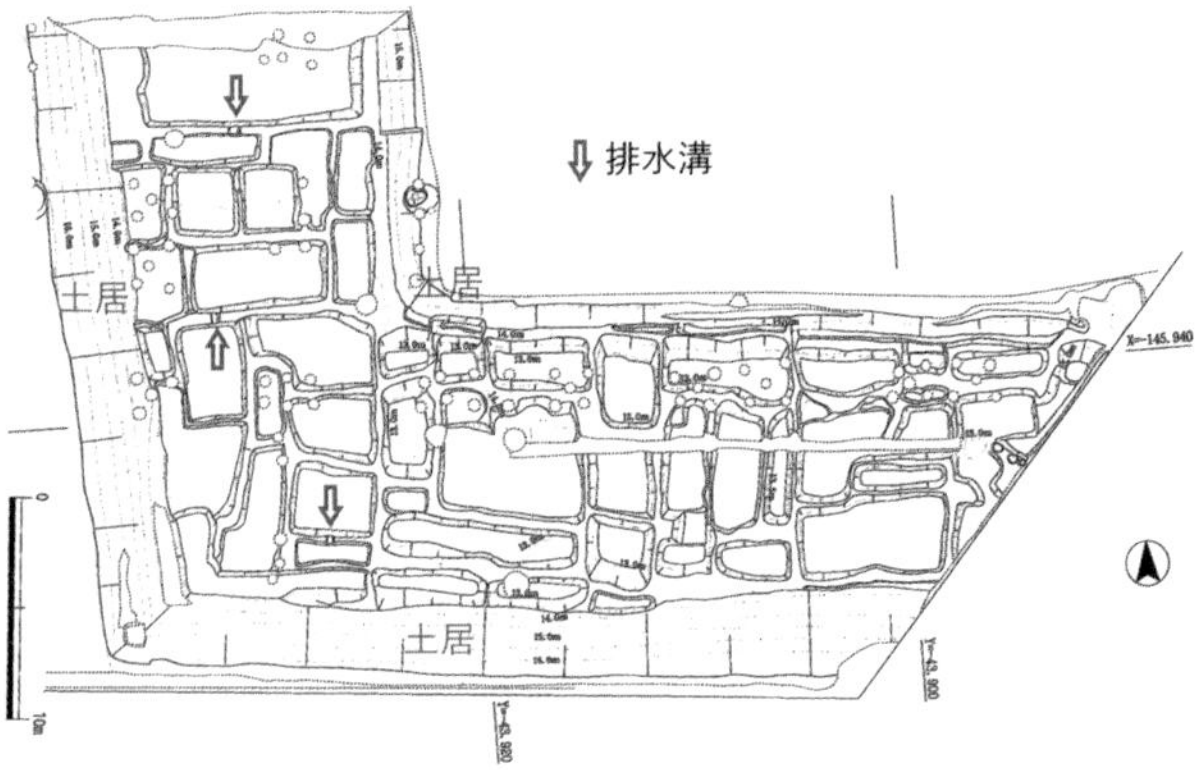

▲発掘された大坂城三の丸の堀障子
（『大坂城址Ⅲ』所収図に加筆）

には信用できないが、外堀と内堀が接続していると、それを通じて敵が直に内郭を襲えるので、それを防ぐためというなら理解できよう。しかし、水戸違は水堀の仕切りであって、そうであるなら水堀の水位に高低差がある場合に設けるものである。高低差がある二つの水堀の境に設けて、高い位置にある水堀の水が低位置の堀へ流出してしまうのを防ぐもので、一種の堰《せき》である。小倉城（福岡県）内堀、明石城（兵庫県）、弘前城（青森県）などに現存する。

石垣の犬走

水堀から八間（約一六メートル）を超えるような特別に高い石垣を直接に築くことは、慶長五年（一六〇〇）の関ヶ原の戦い後になっても暫くは不可能だった。根石を水中に据えるのは技術的に不可能なので、仮設の堤防を造って水を汲み出し、干上がらせた地面の上に胴木《どうぎ》を敷いて根石を載せなければならないからだ。慶長の築城盛況期に石垣築造技術が飛躍的に発展して初めて水堀から直にそそり立つ高石垣が実現した。

関ヶ原以前の例では、三原城（広島県）天守台が正保城絵図に高さ七間二尺と記録されており、それは奇跡的に高かった。恐らくは瀬戸内海の大きな干満差を利用して、干潮で干上がった時にだけ工事をしたのであろう。天守台の高石垣の完成後に堀を仕切る土橋（次項参照）を設けて海と遮断したと考えられる。

　慶長十四年（一六〇九）に公儀普請で築かれた丹波篠山城（兵庫県）では、天守台の高石垣の足元はまだ水堀からは直に立ち上げられていなかった。その後間もない慶長十六年に当代一の築城の名手と称えられていた藤堂高虎が築いた伊賀上野城（三重県伊賀市）本丸の石垣は、水堀から直に立ち上がる最新鋭のもので、しかも高さが約三〇メートル（水面下を含む）もあって、築造当時全国一の高さを誇った。その後に高虎の建言によって豊臣時代より二倍の高さに築き直された徳川大坂城の石垣にわずかに抜かれた。

　さて、高虎が伊賀上野城に先立つ慶長七年から普請を始めた今治城《いまばり》（愛媛県）本丸の石垣は、全国最大級の水堀に面した日本一の海城として築かれたが、その高石垣の足元には、極めて低くて狭い陸地が設けられていた。それは石垣の足元を帯状に取り巻くもので、犬走《いぬばしり》と呼ばれる。続いて慶長九年頃に築かれた毛利秀就《ひでなり》（輝元が後見）の萩城（山口県）天守台にも低い犬走が見られる。

　関ヶ原の戦い以前に築かれた毛利輝元の広島城天守台や宇喜多秀家の岡山城天守台では、犬走より高くて広い腰曲《こしぐる》輪《わ》が高石垣の足元を取り巻いており、丹波篠山城の高石垣も犬走よりもはるかに重厚な腰曲輪の一種（一部は天然の岩盤）から立ち上がっていた。それらに比べれば今治城では、極めて軽微な犬走で高石垣

▲犬走と高石垣
（今治城本丸）

▲水堀から直に立ち上がる高石垣
（伊賀上野城本丸）

の足元を載せる基礎（換言すれば石垣築造の作業台）としているので、極めて先進的な技術だったことが認められる。

ところで、伊賀上野城の高石垣は、石垣の高さの物理的限界（花崗岩の強度）に挑戦したものであり、石垣築造技術の革命と言える。しかもそれを水堀から直に立ち上げたのであるから驚異的であったが、その石垣の立地条件をみると、水堀の水位より城下の標高がはるかに低いことに注目される。この日本初の水堀から立ち上がる日本一の高石垣は、堀の水底から築かれたものではないようだ。あらかじめ空堀底の陸上に石垣を築き、その完成後に空堀の外側を堰き止め、水を溜めて水堀としたものと推定される。したがって、特別に高い石垣を本当に水堀の底から立ち上げられるようになったのは、幕府による大坂城の再築工事からだったと言えよう。

土橋
◀石垣造（石塁）の土橋（広島城本丸中御門）
▶土居（土塁）の土橋（江戸城半蔵門前）

▲木橋
（彦根城天秤櫓前）

▲石橋
（平戸城幸橋）

土橋・木橋

堀を渡る通路には、土橋と木橋《きばし》（架け橋）とがある。土橋は石垣あるいは土塁で築かれた通路であって、その下には水面あるいは空間がないので本来の橋ではない。一方、木造の木橋は堀を渡るものであって、本来の橋である。江戸時代中期になると、木造橋を石造にした石橋も造られた。特殊な例を挙げると、平戸《ひらど》城（長崎県）では、石造アーチ橋である幸橋《さいわいはし》が元禄十五年（一七〇二）に城の入口に架けられた。

木橋は籠城時に橋板を撤去すれば敵が渡りにくくなるので、防戦には都合が良い。大坂冬の陣図屏風では、大坂城の総堀に架けられた木橋の橋板を取り外した状況が描かれている。しかしながら、逆に木橋を敵が破壊すると、城から出られなくなってしまう。羽柴秀吉が鳥取城攻めや小田原城攻めで行ったのは、敵城を陣城《じんじろ》（戦いのために臨時に築かれた城）や多門（町屋のよう

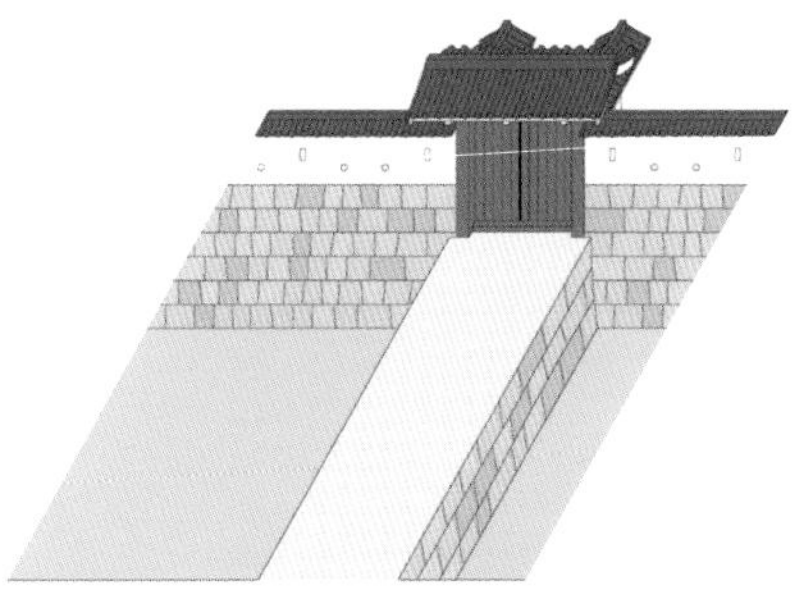

▲土橋

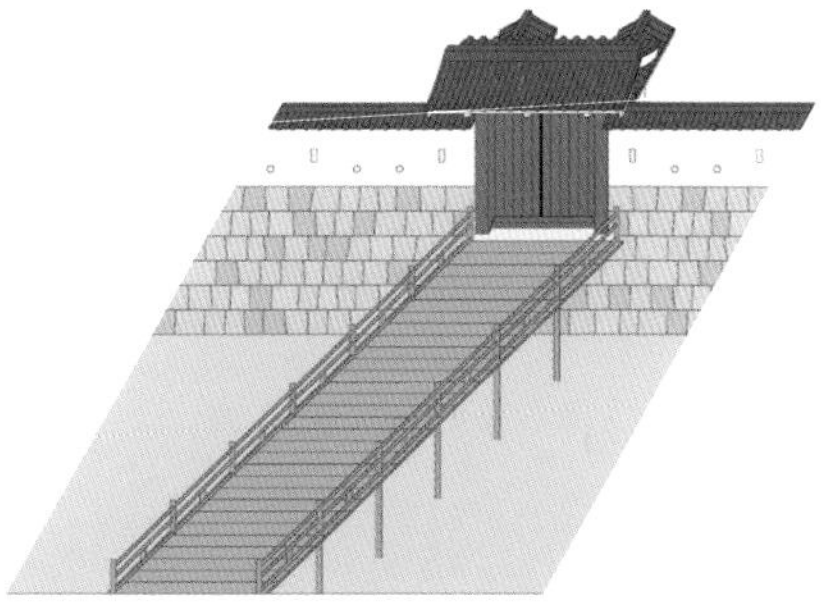

▲筋違橋

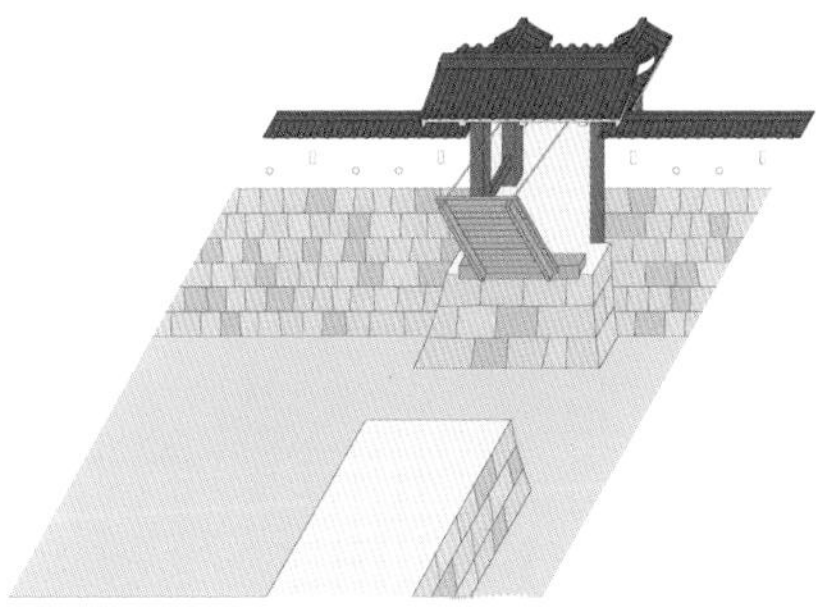

▲桔橋

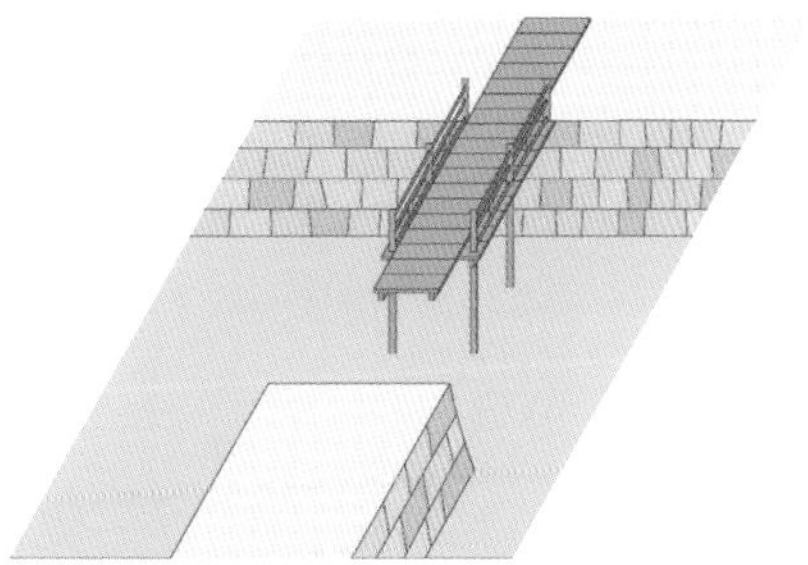

▲引橋

橋の模式図

な長屋）や柵や虎落《もがり》（竹などの枝で作ったバリケード）などで城を厳重に取り巻いて完全封鎖してしまう戦法であった。木橋を敵に落とされると封鎖が容易にできてしまうので、大規模な攻城戦では、木橋は極めて不利となる。

したがって、『築城記』には「追手（大手）の口は土橋然るべきなり、自然、板はしなどは火を付事あるなり、切て出てよき方を土はしにするなり、からめ手の口、かけ橋もくるしからず」と記されている。架け橋（木橋）は火をつけられるので、大手口など出撃に使うところは土橋にするのが当然であって、搦手《からめて》口は架け橋でもよいとする。しかし、実例では必ずしもそうはなっておらず、広島城・岡山城・彦根城などでは、主要な橋は木橋が使われている。

ところで、木橋の間口は、木造であるがゆえに構造的および経済的な制約があって、特別に広いものはなく、一般的に土橋に比べて狭い。雨ざらしの木造の橋の耐用年数は十年から二十年程度しかないので、初期投資だけではなく、維持管理の経済的な負担が大きいのである。

その一方、土橋は間口が広くとも築造経費や耐用年数はさほど変わらず、幅の広い例も少なくない。したがって、土橋の間口は、出撃時の軍事的都合により虎口の間口と等しくされることが多く、枡形に通じる場合には枡形の間口に合わせるため極めて大きくなる。ただし、関ヶ原の戦い以降に普及した枡形門《ますがたもん》（枡形の出口と入口にそれぞれ城門を配置したもの）では、土橋に直に接続する外側の城門が間口の狭い高麗門《こうらいもん》となるため、その虎口幅に合わせて土橋の間口は狭くなった。

橋は直進して堀を越えるのが一般的であるが、堀に対して斜めに渡し、橋上の敵に斜め横方向から横矢《よこや》（側面射撃）を掛ける筋違橋《すじちがいばし》もあった。実例は高松城（香川県）の旭橋《あさひばし》がある。さらに木橋を跳ね上げる桔橋《はねばし》、木橋を引き込めてしまう引橋《ひきばし》といった特殊な橋もあった。桔橋の実例は江戸城本丸の搦手口である北桔橋門《きたはねばしもん》があったが、現在では橋は固定されており、橋詰に建つ高麗門の冠木《かぶき》に橋を吊り上げる金具が残っている。引橋は松代城（長野市）二の丸に再建されているが、引く構造には復元されていない。

▲筋違橋
(高松城旭橋)

▲桔橋(江戸城北桔橋門)
現在は固定

第二節　土居

土居の概要

土居《どい》は土手ともいい、土でできた斜面である。両側が斜面の堤防状の土居は近代では土塁ともいうが、片側だけの土の斜面を土塁というのは語義からは正しくない。平城の堤防状の城壁では、城外側を石垣、城内側を土居とするのが一般的である。城壁の内外ともに石垣とする石塁は、虎口回りを別とすれば少数派である。

また、石垣をもつ近世城郭であっても、城内の総ての城壁を石垣とすることは稀であって、本丸や二の丸などの中心部だけを石垣とし、周辺の郭は虎口や櫓台を除いて土居とするのが普通である。石垣の築造は経費と工期が嵩むので、安価で迅速に築造できた土居が城の大部分を占めたのはむしろ当然であった。特に石材が乏しい関東地方では、石垣は稀であって、土居だけでできた城が大多数を占めた。

築城年代が早い城では、本丸ですら石垣を節約して、正面側は石垣を築くも背面側を土居とした例も見られる。藤堂高虎が慶長元年（一五九六）に築いた宇和島城（愛媛県）本丸がその好例である。そうした石垣と土居を混用する例は全国で散見される。江戸時代になってからでも混用は行われており、上田城（長野県）本丸においては南半分を石垣、北半分を土居にしている。なお、伊賀上野城では、本丸の西半分が高石垣、東半分が土居であるが、これは築城工事を途中で取り止めたからである。

土居の勾配については、土砂を盛り上げて築いた盛土の場合は四〇～四五度と緩くて歩いても登られるが、土砂を削り取って築いた切土の場合は四五度以上の急なものが一般的である。特に河岸段丘上に築かれた平

▲土居だけで築かれた城
（佐倉城）

▲外郭が土居で築かれた城（伊予松山城三の丸）

▲急勾配の土居
（岡崎城本丸）

石垣の裏側の土居
▲赤穂城（兵庫県）三の丸

▲緩勾配の土居
（弘前城三の丸）

▲石垣と土居の混用
（宇和島城本丸）

城（河側から見上げると平山城）では、地盤が固いので、そこに穿たれた空堀では特別に急勾配な土居が見られる。その好例の岡崎城・諏訪原城（静岡県島田市）などでは、当初は五〇度を超える急勾配の土居だったと考えられ、徳川家康の初期の城の特徴となっている。

切岸

急勾配で高い土居であれば、防備上では石垣と比べても遜色はないが、それは固い地山《じやま》を削って造られたものである。緩斜面を人工的に削って造られた急勾配の崖は、切岸《きりぎし》と呼ばれる。切って造った崖の意である。中世の山城では、山頂部の曲輪の周囲の崖は、多くの場合、人工的に造られた切岸であって、切岸は中世城郭の防備の主役であった。切岸の下方には、副産物として削り残された細長い腰曲輪《こしぐるわ》ができる。

▲切岸
石垣の右方が切岸（松山城二の丸）

近世城郭では、関東地方などを除いて平山城や山城の中心部には石垣が使われるのが一般的で、切岸は防備の主役ではなくなった。その一方、近世城郭で明確な切岸は、山頂部ではなく山麓部に造られ、彦根城や伊予松山城や宇和島城などで見られる。

近世城郭の土塁の構造

中世の山城とは違って、近世城郭では平地に周辺の郭が置かれる。その周辺の郭は石垣ではなく、土居で築かれるのが通例だったが、堅い地山を削って造られた土居ではなく、軟弱地盤に掘られた堀の岸に続けて堤防状に土砂を盛り上げた土居であった。堀を掘って出た排土を堀の内側に盛り上げると、堀と土居（この場合は土塁と言える）が同時にできて都合がよかった。堀の断面積と土塁の断面積が等しければ、土砂を他所から運搬して来なくてもよいのである。そのようにして造られた土塁を掻揚《かきあげ》（掻上とも書く）と言った。掻揚で築き上げられた土塁は、ほぼ四五度の緩い勾配の台形断面である。これは絶壁と言える切岸よりはるかに緩い勾配だった。現代の土木基準では、切土（削って造られた斜面）の安定勾配（表面保護をしなくても崩れない勾配）は四五～五一度であり、盛土（土を盛って築いた斜面）の安定勾配は二九～三三度とされている。近世城郭の盛土の土塁は固く叩き締められていたので、四五度でも安定していた。なお、叩き締めて築かれた土居を叩《たた》き土居という。もっと急勾配の土塁を築きたい時は、『鈐録』によると、芝を重ねて芝《しば》土居《どい》とするという。根のついた芝を切り剥がしたものを重ねるということであるが、膨大な量の土砂を必要とする城郭の土居には応用できないであろう。

　盛土で築かれた堤防状の土塁は、その上端（馬踏《まぶみ》または褶《ひらみ》という）の幅は二間から三間である。そこに土塀を通すと、土塀外側にできる狭い空き地を犬走、土塀内側の防御拠点となる平場を武者走《むしゃばしり》といい、斜面を法《のり》、底面を敷《しき》という。法は、城外側を急勾配に、城内

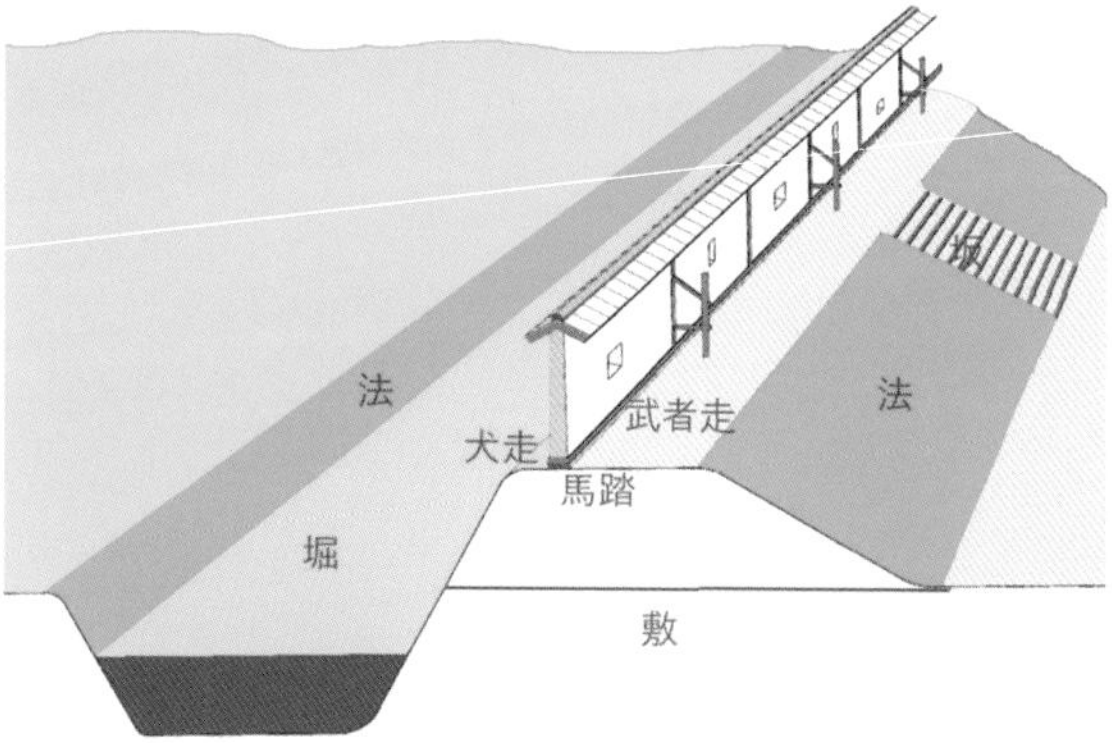

▶ 揺揚の土塁の模式図

◀ 大坂城三の丸土居
削り直されていた表面、鉄骨は大阪府警の新庁舎のもの

側を緩勾配にするのが軍事的に理想だった。

大坂城三の丸で発掘された空堀の土居は、大坂冬の陣に備えて法面を完全な平滑に削り直されており、手掛かり足掛かりとなる凹凸が全くない状態であった。それが講和によって直ちに埋め戻されていたので、臨戦態勢をとった土居の状況が初めて知られる事例となった。

特殊な土塁

飛鳥時代から平安時代には、土砂を高く積み上げる版築《はんちく》という中国伝来の工法が広く行われていた。版築は、土砂を薄く一層ずつ敷き詰めて万遍なく木棒で突いて固める作業を繰り返すことによって、柔らかい土砂をモルタル並みの硬さに締め固めるものである。土砂は層状に重なったものになる。版築は築地塀《ついじべい》や寺院の基壇などの造成に使われていた。堅牢な版築で造られた土居も古代城郭の朝鮮式山城には存在したが、多大な労力を必要としたので、工事量が膨大な近世城郭の土居の築造においては汎用性がない。しかし、小さくて特別に急勾配の土塁を築く場合などには、限定的に応用されたと思われる。

二条城（京都市）には、二の丸から本丸門へ水堀を渡る木橋がある。二の丸側の石垣上に橋詰を挟んで、鋭く尖った高さ一メートルほどの低い土塁が残っている。その勾配の著しさからすると通常の叩き土居の工法で築かれたものではなく、版築が使われたと考えられる。このような堀端の低い土塁は玉縁《たまぶち》という。この

▲玉縁の土塁
（二条城二の丸）

玉縁は堀を伝ってくる侵入者の上陸を阻止する防御壁であり、石垣上の土塀に代えて造られたものである。そこは本丸側から見て二の丸の背面に当たる部位であって、通常なら石垣上は土塀を設けずに開放しておく。そこに達した敵に対しては本丸の高い城壁上から射撃を加えるので、土塀があると敵が隠れて邪魔になるからだ。しかしながら堀からの侵入を阻止するためには土塀に代わる遮蔽物が必要で、本丸からの射撃の邪魔にならないように玉縁が選ばれたと考えられる。玉縁なら覆い隠す屋根がなく、急勾配といえども本丸城壁から見下ろせばその背後に隠れることは難しい。

▲発掘された玉縁の地業
（赤穂城二の丸西中門前の土橋）

赤穂城（兵庫県）二の丸西中門前の土橋の発掘調査では、土橋の城外側の端に裏込石のような小石を敷き詰めた帯状の遺構が検出された。古絵図と照合すると、堀端の石垣上に設けられた玉縁の底部と考えられる。一層の小石を敷き詰めるのは、軟弱地盤で版築を行うための地業《じぎょう》（地盤に対する基礎工事）である。底部に石を敷き詰めて固めておかないと、上に敷いた土砂を木棒で突いても土砂に圧力が掛からないので締め固まらず、下方の軟弱地盤の土と混ざりあって、それをこね回すだけになるからだ。

鉢巻石垣と腰巻石垣

石垣の築造には夥しい石材はもとより大きな経費と長い工期が必要なため、城の中心部や城門部だけに石垣が用いられ、長大な外郭の城壁にはもっぱら土居が使われたが、土居では不都合な点が二つあった。一つは、土居上に櫓や土塀などの建造物を設ける場合である。土居の肩は丸くなっており、また土でできている肩は建造物を支えるほどの強度がない。その肩際まで寄せて建造物を設けられないので、建造物との間に余地を空けることになる。すなわち肩に沿って幅一メートルほどの犬走ができてしまい、防備上でかなり不利になる。二つ目は土居の下が水堀である場合で、土居が水に接しているとゆっくりではあるが浸食されていく。

土居の二つの弱点を補うためには、低い石垣を土居に付加する。土居の上部には建造物の基礎となる低い石垣を設置し、それを鉢巻《はちまき》石垣という。土居の下部の保護にも低い石垣を設置し、それを腰巻《こしまき》石垣という。

築城年代が早い城では、石垣の量がそもそも少なく、また高い石垣の築造技術もなかったので、土居上の鉢巻石垣は珍しくない。また、室町時代最末期から安土桃山時代初期の十六世紀後期に築かれた山城の山頂部に残る低い石垣は、土居の上に築かれたものではないので厳密には鉢巻石垣とは言えないが、その設置目的は鉢巻石垣とほぼ同じなので、広義には鉢巻石垣と見なしてもよい。

一方、腰巻石垣は、水堀に土居が直面することが激増した近世城郭ならでは問題であって、江戸時代の城

▲水堀に浸食された土居
(上田城本丸)

鉢巻石垣と腰巻石垣
◀ 彦根城内堀
▶ 江戸城内堀

郭維持管理の都合で順次に新設されていったものと考えられる。なお、鉢巻石垣と腰巻石垣の両方を備えた土居は、彦根城内堀と江戸城の桜田門から半蔵門へ向かう内堀沿いに見られる。

▲江戸時代に新設された腰巻石垣
（岡崎城内堀）

▲発掘された腰巻石垣
（広島城中堀）

▲ 16世紀後期の山城山頂の石垣
（周山城（京都市））

おわりに

三浦正幸

近世城郭の多くには壮麗な天守があり、天守以外にも櫓や城門あるいは御殿などの建造物があった。それらの建造物は、城ごとに個性的であって規模形式や意匠が全く同じである例はない。特に城の象徴となった天守の個性は際立っていて、近代の稚拙な模擬天守はさておき、どの天守の写真を見ても一目でその城名を言い当てられる人は多いであろう。ところが、近世城郭のもう一つの見どころである石垣については、扇の勾配として著名な熊本城や壮大な大坂城はともかく、どれもこれも同じように見えてしまう。

しかし、石垣の特徴について詳しく知れば、全国の城の石垣はそれぞれ極めて個性的に見えてくるはずである。石垣の見どころは多様である。大坂城や伊賀上野城などの超絶的な石垣は、離れて見てもその壮大さから生まれる迫力があり、天守を見た以上の感動が得られよう。石垣を間近で見られるところでは、注意して観察すると、築石の種類、大きさ、形状、並べ方に違いが見えてくる。石垣の隅部においてはさらに個性的であって、算木積であるかないか、算木積にしても未発達なものから次第に完成期に近づいていくもの、退化したものなど千差万別である。築石の表面加工の違いから、それを担当した職人の人となりが見えてきそうでもある。石垣に加えられた職人の遊び心も見逃せず、それを見つけ出してあげたら、担当した職人の思いが伝わってくるであろう。さらには、築石に残る矢穴や刻印、墓石などの転用石を見つけられる。また石垣の増築や改築の痕跡を発見したら、なお興味が増す。

日本の近世城郭が天守・櫓・城門だけではなく石垣を含めて総て個性的であることに気づけば、城を訪れる楽しみは倍増すること間違いなしである。

既発表論文・著書ほか（石垣関連）

「慶長期における城郭石垣の発展」日本建築学会大会学術講演梗概集、一九九〇年九月

『復元大系　日本の城』九　城郭の歴史と構成、ぎょうせい、一九九三年八月（共著）

『広島城』歴史群像名城シリーズ九、学習研究社、一九九五年一月（共著）

『城の鑑賞基礎知識』至文堂、一九九九年九月

『すぐわかる日本の城』東京美術、二〇〇九年一〇月（監修・共著）

『城のつくり方図典』改訂新版、小学館、二〇一六年一月

「石垣普請と穴太衆」approach 二三四号、竹中工務店、二〇二一年六月

参考文献

石岡智武「江戸城および城下の建築物に使われた伊豆石の岩相と産地同定」『江戸築城と伊豆石』、吉川弘文館、二〇一五年四月
喜内敏監修『金沢城郭史料』日本海文化叢書第三巻、石川県図書館協会、一九七六年一二月
北垣聰一郎『石垣普請』ものと人間の文化史五八、法政大学出版局、一九八七年三月
白峰旬「江戸城普請と石材調達」『江戸築城と伊豆石』、吉川弘文館、二〇一五年四月
田中哲雄『城の石垣と堀』日本の美術四〇三、至文堂、一九九九年一二月
田淵実夫『石垣』ものと人間の文化史一五、法政大学出版局、一九七五年四月
栩木真「江戸城の石垣に使用された築石について」『江戸築城と伊豆石』、吉川弘文館、二〇一五年四月
鳥羽正雄『日本城郭辞典』新装版、東京堂出版、一九九五年九月
乗岡実「城郭石垣の矢穴考―岡山城を起点に近世石割り技術の展開を考える―」岡山市埋蔵文化財センター研究紀要第一四号、二〇二二年三月
乗岡実「織豊期城郭に用いられた矢穴技法」岡山市埋蔵文化財センター研究紀要第一五号、二〇二三年三月
森岡秀人・藤川祐作「矢穴の型式学」古代學研究一八〇号、古代學研究會、二〇〇八年一一月
山地茂『ウォチング丸亀城』第四部石垣築様目録、私家版、二〇〇五年七月
山地茂『見合分別勘用也　私説丸亀城普請物語』私家版、二〇一〇年一二月
渡辺武『図説再見大阪城』大阪都市協会、一九八三年九月
張先得『明清北京城垣和城門』河北教育出版社、二〇〇三年五月
『建築大辞典』彰国社、一九七四年一〇月
『城郭事典』探訪ブックス日本の城一〇、小学館、一九八九年一一月
『史跡広島城跡資料集成』第一巻、広島市教育委員会、一九八九年一二月
『重要文化財熊本城宇土櫓保存修理工事報告書』熊本市、一九九〇年三月
『史跡盛岡城跡石垣移動量調査報告書』盛岡市・盛岡市教育委員会、二〇〇〇年三月
『大坂城址Ⅲ』大阪府文化財センター、二〇〇六年三月
『特別史跡江戸城跡皇居東御苑内本丸中之門石垣修復工事報告書』宮内庁管理部、二〇〇七年三月
『金沢城石垣構築技術史料Ⅰ』金沢城史料叢書七、石川県金沢城調査研究所、二〇〇八年三月
石川県金沢城調査研究所編『よみがえる金沢城』2、石川県教育委員会、二〇〇九年三月
『城郭石垣の技術と組織』金沢城史料叢書一六、石川県金沢城調査研究所、二〇一二年三月

【中国地方】

【四国地方】

【九州地方】

【海外】

図版索引

三浦正幸 みうら まさゆき

広島大学名誉教授、工学博士、一級建築士

1954年10月、名古屋市に生まれる。1977年3月、東京大学工学部建築学科卒業。広島大学工学部助手・助教授を経て、1999年に広島大学文学部教授。専門は日本建築史・城郭史。神社・寺院・城郭・茶室・民家の歴史や構造などを文科・理科の両分野から研究。

松山城・宇和島城・河後森城・能島城・津和野城・広島城・福山城・三原城・岡山城・月山富田城・赤穂城・明石城・名古屋城・横須賀城・諏訪原城・小島陣屋・上田城・松代城・二本松城などの国史跡の整備委員等を兼任。史跡吉川元春《きっかわもとはる》館跡台所・史跡万徳院跡風呂屋・史跡河後森城馬屋・史跡岡山城本丸供腰掛・史跡諏訪原城北馬出門・岡崎城東櫓・浜松城天守門・高根《たかね》城城門および井楼《せいろう》・西尾城二の丸丑寅櫓などを復元設計。

著書に、『城の鑑賞基礎知識』(至文堂)、『城のつくり方図典』(小学館)、『神社の本殿』、『天守』(以上、吉川弘文館)、『図説 近世城郭の作事 天守編』、『図説 近世城郭の作事 櫓・城門編』(以上、原書房) ほか多数。

図説《ずせつ》 近世城郭《きんせいじょうかく》の普請《ふしん》　石垣編《いしがきへん》

2024年5月15日　第1刷発行

著　　者　三浦正幸《みうらまさゆき》
発 行 者　成瀬雅人
発 行 所　株式会社 原書房
　　　　　〒160-0022　東京都新宿区新宿 1-25-13
　　　　　電話　03 (3354) 0685
装　　幀　川島進デザイン室
印刷·製本　株式会社 明光社印刷所

ISBN978-4-562-07408-2
